UMA AVENTURA
DO ESPÍRITO

Coleção Fonte de Vida

A arte de ser feliz – Inácio Larrañaga

O sentido da vida – Inácio Larrañaga

As forças da decadência – Inácio Larrañaga

Uma aventura do espírito – Camilo Luquín

Camilo Luquín

UMA AVENTURA DO ESPÍRITO
Vida e obra de Inácio Larrañaga

Dados Internacionais de Catalogação na Publicação (CIP)
(Câmara Brasileira do Livro, SP, Brasil)

Luquín, Camilo
Uma aventura do espírito : vida e obra de Inácio Larrañaga
/ Camilo Luquín ; [tradução frei José Carlos Correa Pedroso] .
— São Paulo : Paulinas, 2007. — (Coleção fonte de vida)

Título original: Una aventura del espíritu : vida y obra de
Ignacio Larrañaga.
Bibliografia.
ISBN 978-85-356-1895-2
ISBN 84-96471-19-5 (ed. original)

1. Evangelizadores – Biografia   2. Franciscanos – Biografia
3. Larrañaga, Ignacio, 1928   I. Título.   II. Série.

06-9160   CDD-255.30092

Índice para catálogo sistemático:

1. Franciscano : Vida e obra   255.30092

Título original da obra: *Una aventura del espíritu.* Vida y obra de Ignacio Larrañaga.
© Provincial de Capuchinos de Chile.
Catedral 2345. Santiago, Chile, 2005.

Direção-geral: *Flávia Reginatto*
Editora responsável: *Luzia Sena*
Assistente de edição: *Andréia Schweitzer*
Tradução: *Frei José Carlos Corrêa Pedroso*
Copidesque: *Alessandra Biral*
Coordenação de revisão: *Marina Mendonça*
Revisão: *Mônica Elaine G. S. da Costa*
Direção de arte: *Irma Cipriani*
Gerente de produção: *Felício Calegaro Neto*
Capa e editoração eletrônica: *Telma Custódio*

Nenhuma parte desta obra pode ser reproduzida ou transmitida por qualquer forma e/ou quaisquer meios (eletrônico
ou mecânico, incluindo fotocópia e gravação) ou arquivada
em qualquer sistema ou banco de dados sem permissão
escrita da Editora. Direitos reservados.

Paulinas

Rua Pedro de Toledo, 164
04039-000 – São Paulo – SP (Brasil)
Tel.: (11) 2125-3549 – Fax: (11) 2125-3548
http://www.paulinas.org.br – editora@paulinas.com.br
Telemarketing: 0800-7010081
© Pia Sociedade Filhas de São Paulo – São Paulo, 2007

APRESENTAÇÃO

Conheci Inácio Larrañaga no Seminário Menor Capuchinho da Província Religiosa de Navarra (Espanha); na época, ele iniciava e eu terminava o primário (1940). Mas só nos encontraríamos pessoalmente quase duas décadas depois, em 1958, no Instituto Euskal-Etxea de Llavallol (Buenos Aires, Argentina), onde eu era professor. Na ocasião, ele viajava ao Chile, com o propósito (ou quase) de conquistar aquele longo e estreito país para Cristo.

Muitos anos depois, em meados da década de 1970, nós nos reencontramos em várias oportunidades no Centro de Estudos Franciscanos de Santiago de Chile (Cefepal), fundado em 1965 por Inácio e outros irmãos franciscanos desse país, no qual eu também ingressaria em 1979, a pedido dos frades do Centro.

Juntos, integramos uma fraternidade interobediencial (inicialmente em um antigo casarão localizado em Pedro de Valdivia, de Santiago, e depois em uma residência da Grande Avenida), dedicada à animação e promoção franciscanas.

Naquela época, vigorava o tempo pós-conciliar e de reformulação dos institutos religiosos; além disso, havia uma grande efervescência renovadora e inovadora da vida religiosa franciscana, tanto que, em diversos países da América Latina, estavam surgindo outros centros similares ao Cefepal. Eu mesmo tinha iniciado em Buenos Aires, com outros irmãos argentinos, uma atividade animadora e editorial, que marcaria muito minha atividade no futuro.

Além da edição e difusão de uma literatura franciscana inovadora para a época, havia a revista *Cuadernos Franciscanos de Renovación* (trimestral), que continua a ser editada nos dias de hoje; entre seus colaboradores, estavam Inácio e outros frades franciscanos de diversas partes do mundo. Com o passar do tempo, a publicação se modernizou e atualizou-se na linha do Concílio Vaticano II e da Teologia da Libertação.

À medida que o tempo passava, a atividade animadora de Inácio ia sendo cada vez mais diversificada por meio de retiros e semanas de renovação conciliar, inicialmente só para religiosos e religiosas, mas depois exclusivamente para a Família Franciscana na América Latina e na Espanha. Mas a reiterada constatação da ausência e urgência de Deus em diversos setores de seu povo, por um lado, e a própria experiência de Deus aquilatada por meio de sua atividade animadora e de seus freqüentes retiros (ou "desertos"), realizados na solidão da Cordilheira dos Andes, em serranias e mosteiros da Espanha e nos redutos franciscanos da Itália, motivaram-no cada vez mais a reduzir a temática e os conteúdos de sua transmissão a este único objetivo: a vida com Deus. Isso o obrigou a organizar e verbalizar suas vivências e intuições.

Foi assim que, de repente, ele percebeu que tinha em mão um calhamaço intitulado *Mostra-me o teu rosto*. Ao mesmo tempo, seus retiros e semanas franciscanas se transformaram em Encontros de Experiência de Deus. O objetivo de ambos era introduzir os participantes em uma experiência de Deus que os confirmasse no desejo de aprofundar sua vida com o Senhor, para que superassem todo tipo de traumas e angústias, alcançando a estabilidade emocional e a alegria de viver.

Isso foi em 1974. Depois disso, Inácio escreveria mais 14 livros e dirigiria centenas de Encontros, com diversos participantes; no começo, foram basicamente religiosos e religiosas, depois principalmente leigos.

APRESENTAÇÃO

No começo da década de 1980, era possível entrever a necessidade de criar alguma organização de base para garantir os frutos dos Encontros e canalizar as inquietudes surgidas entre os incontáveis encontristas, em grande parte dos países da América Latina e da Europa, em especial Espanha e Portugal.

Desse modo, foi se concebendo a idéia das Oficinas de Oração e Vida (OOV), de forma que, na Semana Santa de 1987, foi possível celebrar em Guadalajara (México) o primeiro Congresso Internacional de OOV. Realizado três anos após sua fundação, o encontro serviu como base para a elaboração do *Manual do guia* revisto (já havia um pequeno manual provisório), um instrumento de trabalho para os guias.

Os Encontros e as Oficinas abordavam uma temática centralizada basicamente na experiência pessoal e fundante de Deus, a do próprio Larrañaga, fortemente marcada tanto pela originalidade e clareza dessa experiência como por certos conteúdos e uma linguagem peculiar, bastante alheios à temática e à pedagogia religiosa da época, que despertavam a consciência do povo de Deus com uma intensidade e uma regularidade bastante surpreendentes (por meses e anos seguidos).

Valia a pena analisar esse fenômeno, o que eu mesmo me dispus a fazer em um livro intitulado *Uma aventura do espírito. Encontros de Experiência de Deus*, de Inácio Larrañaga (na ocasião, as atividades das OOV ainda estavam no início). A princípio, a obra teve uma escassa difusão; no entanto, vinte anos depois, cogitamos reeditá-la amplamente atualizada, com base na eficácia mantida e na persistência de uma mensagem e de uma inspiração comprovadamente adequadas para despertar o desejo e a sede de Deus na profundidade da consciência revelada.

7

Capítulo 1

HISTÓRIA DE UM DESAFIO

Em 20 de dezembro de 2002, na Basílica de Santo Inácio de Loyola (Azpeitia, Guipúzcoa, Espanha), foi celebrado o 50º aniversário da ordenação sacerdotal de Inácio Larrañaga. Na ocasião, estiveram presentes diversas pessoas vinculadas às Oficinas de Oração e Vida, originárias de diversos países das Américas e da Europa.

A celebração teve início na parte da manhã, com uma eucaristia vibrante e concorrida e diversos atos homenageantes na esplanada diante do santuário, no frontão da nobre vila de Azpeitia; à tarde, em um espaçoso restaurante, foram apresentados espetáculos folclóricos do País Basco e de outras regiões da Espanha, finalizando com o tradicional canto de saudação e despedida do País Basco: *Agur, jaunak* (adeus, senhores).

Aquela foi uma celebração solene e festiva, repleta de entusiasmo e colorido do começo ao fim. Um dia memorável para todos os participantes, em especial para o homenageado, que o considerou "o mais bonito de sua vida".

De certa forma, foi também a culminação de uma trajetória e uma obra intensas e fecundas a serviço do povo de Deus por quarenta anos, ainda que, até a atualidade, o homenageado continue em plena atividade.

Inácio Larrañaga Orbegozo nasceu em 4 de maio de 1928, no povoado de Beristain Chanton (situado em um planalto do vale de Urola, que se estende entre Azpeitia e Azkoitia, cortado pelo rio do mesmo nome). No horizonte, ergue-se majestoso o maciço rochoso do Izarraitz, com mil metros de altura, rodeado de desfiladeiros e montanhas povoados de castanheiras, faias e carvalhos, freqüentemente cobertos de neblina ou muito úmidos, porque nessa região as chuvas são freqüentes.

Ao longo do vale, conservam-se ainda alguns povoados (como o de Beristain Chanton), onde se cultivam verduras e hortaliças, que são levadas para os mercados das localidades vizinhas. Em alguns casos, também subsiste a criação de bovinos e ovinos.

No século passado, os pais de Inácio, Marcelino Larrañaga e Maria Salomé Orbegozo, e alguns de seus nove filhos (incluindo as mulheres), também se dedicaram a cultivar com amorosa fidelidade e autêntica disposição basca a extensa propriedade que rodeia o povoado, cuja atividade continuam a fazê-lo hoje de maneira intensiva e exemplar.

Inácio Larrañaga recorda-se vivamente de sua infância no povoado: a solidão, a austeridade e a dureza da vida, dia após dia, a silenciosa solicitude e a paciência infinita da mãe, e, ao mesmo tempo, sua delicadeza e sensibilidade para com os pobres. O pai não era tão devoto, mas tinha uma veia mística, pois falava de Jesus Cristo com uma contida ternura e se extasiava diante do esplendor da natureza, exclamando em sua expressiva língua basca: *Ze ederra!* (Que bonito!)

Ele também se recorda de outros fatos de sua primeira infância: quando tinha 4 anos, a mãe levava os quatro filhos menores (ele era o quarto dos nove irmãos) para celebrar o Mês das Flores (maio), colocando-se sempre no primeiro banco da igreja; ou quando, tomando-o pela mão, subia a longa escadaria até a Capela da Conversão, para assistir à missa.

Nas colinas de Izarraitz, existe uma pequena e deliciosa ermida de Santa Maria de Olatz, datada do século 13. Por séculos, fora um lugar muito venerado pelos habitantes do vale, entre os quais estava Inácio de Loyola, especialmente nos dias de sua conversão.

Próximo à ermida (no que hoje constitui o coro), funcionava uma escolinha para os filhos dos habitantes da região, mantida pela comunidade religiosa das Damas Catequistas. Nessa escola-ermida, Inácio aprendeu, a partir dos 6 anos, os rudimentos das letras em sua língua nativa, o *euskera*, e também da doutrina cristã.

No entanto, no período entre a infância até o ingresso no seminário, Inácio guardou lembranças menos felizes, como, por exemplo, a morte de um companheiro de escola e o cortejo fúnebre em um caixão branco; o repicar incessante dos sinos da ermida da Virgem de Olatz, em plena guerra civil espanhola, quando alguma cidade caía nas mãos dos nacionais; os aviões de guerra sobrevoando a região; os jovens do povo abatidos nos campos de batalha, cujos corpos eram expostos na prefeitura e depois conduzidos ao cemitério com um ar solene e quase festivo.

* * *

Naquele tempo (em especial no período de guerra), havia uma grande quantidade de mendigos nas cidades da Espanha. O mesmo acontecia no País Basco, onde a aldeia de Beristain Chanton era visitada freqüentemente pelos pedintes. Nessa época, dona Margarida, a mãe de Larrañaga, tinha a convicção profunda de que os pobres eram um reflexo e a imagem viva de Jesus e não podiam deixar de socorrê-los. Por isso, sempre ensinou aos filhos que deviam acolhê-los com simpatia e veneração. Posteriormente, esse espírito de compaixão se tornou uma tradição do povoado.

Entre os mendigos que iam à casa da família Larrañaga, havia um mendicante pertencente a uma ordem religiosa localizada na vila navarrense de Alsásua. Sua chegada era uma festa. Com seu hábito marrom e as longas barbas, era a presença de outra realidade fora do cotidiano e da laboriosa ocupação de uma família numerosa em uma típica casa basca. Por referir-se constantemente à vida no seminário e à vocação religiosa, algo começou a mover-se no íntimo de Inácio, que, na ocasião, era um menino tímido e sério.

A vida cristã da família Larrañaga-Orbegozo era fiel a alguns costumes e práticas de piedade tradicionais, os quais Inácio foi assimilando de maneira natural, tendo como base seu inato espírito de piedade ainda nessa idade, como sua sensibilidade e emotividade. Assim se explica, por exemplo, que, em uma ocasião em que estava em uma extremidade do povoado, refletindo na ponderação materna sobre a beleza da vida sacerdotal e missionária, foi sacudido por uma forte crise de choro.

Pouco tempo depois desse fato, ingressou no seminário. Na ocasião, tinha 12 anos incompletos e um inexplicável medo do desconhecido que, no correr dos meses, foi se transformando em apreensão e desassossego; finalmente, após quatro anos de estudos, seus sentimentos haviam se convertido em uma indefinível sensação de estranhamento e inadequação.

Tratava-se de um estado de ânimo bastante complexo, fruto, ao que parece, de sua quase nula auto-estima; ele, um basco de aldeia, que mal era capaz de se expressar corretamente em espanhol e com um rendimento escolar medíocre. Apesar disso, nunca cogitou abandonar o seminário, nem (o que era menos estranho, tendo em vista sua excessiva timidez) falar de sua situação a algum dos professores do seminário. Não se tratava de uma crise vocacional nem de fé, mas de algo mais profundo: como se fosse uma crise existencial, em plena adolescência, quando iniciava o quarto ano do seminário.

Nessa longa e prematura crise, o que lhe dava algum consolo e lhe servia de contrapeso era o espírito de piedade que tinha vivenciado desde a infância, seu ardente amor por Jesus Cristo, a preciosa herança recebida dos pais e as celebrações festivas características de um seminário daquele tempo, bem como os passeios ao ar livre na serra de Urbasa, próxima ao seminário.

Essa interação com a natureza em todo seu esplendor no ponto alto da primavera, os esplêndidos bosques de faias que povoavam a serra, cobertos de um verde recente, o rumor dos cincerros das vacas andando pelos pastos e todo o universo de Deus renascendo depois do longo inverno libertavam o manancial dos sonhos no fundo da alma dos jovens seminaristas mais sensíveis, entre os quais estava Larrañaga.

Então, ao longo de vários meses, por obra e graça de um companheiro de classe, um "anjo libertador" com uma maturidade e um dom de conselho incomuns para a idade, ele foi se libertando das incertezas e da timidez. Gradativamente, foram desaparecendo as nuvens, e tudo pareceu pressagiar um tempo de graça e normalidade.

A caminho

Fuenterrabía, hoje Hondarribia, uma bela cidade localizada à beira da ampla baía da costa cantábrica, diante da cidade fronteiriça de Hendaya (França). Nesse local, em um típico convento capuchinho (que ainda hoje conserva a estrutura arcaica), encontravam-se o jovem Inácio Larrañaga (então com 18 anos) e os demais integrantes de seu grupo para iniciar os estudos de filosofia. Trajando um hábito marrom com um capuz, cingido pelo clássico cordão franciscano, próprio dos aspirantes à vida religiosa capuchinha, todos estavam integrados em uma comunidade religiosa de frades professores com alguns outros não-clérigos.

Como por encanto, as negras nuvens que obscureceram seus horizontes nos anos do seminário menor haviam-se desvanecido, e tudo tinha a cor do amanhecer de um dia primaveril. Na nova residência, o jovem Larrañaga sentiu-se muito bem acolhido pelos superiores e professores; embora não tivesse se tornado um aplicado estudioso da filosofia marcadamente escolástica ensinada, seu rendimento acadêmico foi cada vez mais satisfatório, o que contribuiu para aumentar a auto-estima.

Seu espírito idealista, sonhador e até romântico que estava inscrito e marcado como um selo em seus códigos genéticos, assim como sua piedade também congênita (que não o havia abandonado nem mesmo nos anos de maior desconforto da adolescência), irromperam em sua consciência de maneira quase invasiva, traduzindo-se em sonhos apaixonados de aventuras e trabalhos missionários em terras longínquas. Posteriormente, essas aspirações se concretizaram no desejo de tornar-se um apóstolo moderno, de acordo com o espírito das personalidades que lhe seriam referência, como Francisco Xavier, especialmente nesse tempo.

Próximo à cidade, nas encostas do monte Jaizkibel, que se abrem para o mar Cantábrico, levantava-se o Santuário de Nossa Senhora de Guadalupe. Nesse local, eram realizados diversos passeios e a peregrinação habitual dos estudantes capuchinhos, como também de muitos dos residentes da região.

Nessas freqüentes escaladas dos jovens estudantes de filosofia, entoava-se invariavelmente o hino clássico dos seminários religiosos daquele tempo: "Amanhã, em um frágil barco, vou embarcar no mar", a quatro vozes, regido por Inácio Larrañaga, com tanto entusiasmo e emoção que ele mal podia conter as lágrimas.

Gradativamente, o temperamento sonhador e romântico abria seu espírito para um mundo imaginado de aventuras e destemidas ações além-mar, de país em país, de continente em continente, com a ilusão de ganhar o mundo para Cristo, que ele estava percebendo cada vez mais como o eixo e o fundamento de sua vida.

Pode-se dizer que esses sonhos, alimentados dia após dia com uma persistência e uma intensidade que beiravam a obsessão, seriam cumpridos ao longo de sua vida, como se se tratasse de uma predestinação ou um desígnio de Deus. E foi isso que aconteceu.

Como se tivesse nascido para isso, o tímido e ao mesmo tempo audaz (como costuma definir-se) navegava de velas enfunadas pelo mundo dos sonhos, onde não existem obstáculos. Na realidade, essa característica fez com que abraçasse diversas atividades, entre as quais estavam a do animador de comunidades religiosas e de leigos, às vezes em longas jornadas pela Europa e América; a do comunicador incansável de encontros semanais, conhecidos como Encontros de Experiência de Deus; a de autor de livros religiosos de grande sucesso no mundo e de fundador de um movimento de nova evangelização difundido por vários países, denominado Oficinas de Oração e Vida.

O amor apaixonado por Jesus Cristo, que recebeu como preciosa herança paterna, tornou-se, ao longo da adolescência e primeira juventude, no eixo e no fundamento de sua espiritualidade. Vale citar que qualquer outro ideal de vida ou sonho, como o de constituir uma família exemplar semelhante à sua, foram assumidos e sublimados pelo amor de Cristo Jesus e o serviço do Reino de Deus.

HISTÓRIA DE UM DESAFIO

Com essa disposição interior e o firme propósito de se tornar um verdadeiro paladino de Cristo, após completar 21 anos, ingressou no noviciado da Ordem Capuchinha da região, localizado na vila de Sangüesa (Navarra).

Na recolhida solidão desse convento capuchinho, de arcaica estrutura, mas de elegante claustro gótico, o espírito do jovem noviço pôde seguir livremente seu inato desejo de interioridade e vida com Deus, que nele se manifestava desde a infância como uma graça infusa, assim como a seus sonhos de conquista, pela proximidade, nessa oportunidade, do castelo de Xavier, situado a 15 quilômetros do noviciado. Pelo menos duas vezes por ano, os noviços peregrinavam a pé ao local onde são Francisco Xavier nascera e fora batizado. Na ocasião, a precoce devoção de Inácio Larrañaga por esse santo se fortalecia, e até lhe transbordava o espírito com a ilusão infinita nos dias anteriores e posteriores da peregrinação de percorrer o mundo como ele, difundindo o Evangelho.

Posteriomente, frei Antonino de Caparroso, seu santo e sábio mestre de noviços, deixou-lhe uma profunda marca pelo espírito contemplativo e por sua ardente oração, apesar de não ter estabelecido um relacionamento mais forte com ele, de acordo com sua também tendência para a solidão.

Ao final do noviciado, emitiu os votos religiosos e se tornou integrante da Ordem dos Frades Menores Capuchinhos, que, naquele tempo, contava com mais de 15 mil membros no mundo todo.

Pouco depois, ingressou no Teologado Capuchinho, mantido pela Ordem em Pamplona (extramuros). Na ocasião, apresentava um forte desejo de estudar teologia, para (segundo suas palavras) poder navegar com velas soltas pelos mares de Deus. Mas, pouco depois, o estudo da teologia escolástica, com sua torrente de elucubrações e especulações sobre o mistério de Deus, foi esfriando seu espírito, e até congelando aquele Deus vivo e fascinante com que sonhava desde a adolescência no interior de sua consciência despertada, que considerava uma espécie de misticismo ou uma propensão natural desde o seio materno.

Para Inácio, o estudo da teologia se tornou uma tediosa rotina, culminando em uma completa desilusão. Após confidenciar seus temores a um dos professores, este lhe aconselhou: "Seja humilde e peça que Deus lhe conceda o espírito de sabedoria". Então seguiu à risca o conselho de seu mestre (aqui, é importante citar que deve ter sido esse mesmo espírito que o fez mergulhar na leitura de autores humanistas, filósofos existencialistas, pensadores e poetas: Kierkegaard, Dostoievski, Jean-Paul Sartre, Ortega y Gasset, Unamuno, León Bloy, Antonio Machado, entre outros).

O contato com a cultura humanista e a literatura moderna contribuiu para ampliar seu horizonte de compreensão do mundo moderno, abrindo-o para outros espaços além dos conteúdos dogmáticos e da linguagem estereotipada da literatura religiosa própria da época.

Com o tempo – o conciliar –, seu débito na teologia escolástica se solidificaria, como ele diz, com forte apaixonamento, mergulhando nas novas tendências teológicas na proximidade do Concílio Vaticano II, como as de Rahner, Schillebeks, De Lubac, Bonhöffer, Hamilton, entre outros nomes, e posteriormente com a assídua e atenta leitura da revista *Concilium*.

No início da década de 1950, a chamada vida regular das comunidades religiosas tradicionais, como a capuchinha, era muito exigente e estava marcada por uma estrita disciplina comunitária, em que a observância regular e determinados rituais e manuais de antigos costumes eram considerados sagrados; mas começava a insinuar-se um relaxamento, especialmente entre alguns teologados muito numerosos. Alguns estudantes de teologia procuravam encontrar certa literatura profana ou não necessariamente católica; e a poesia era amplamente cultivada no teologado capuchinho de Pamplona.

Nos anos anteriores e posteriores a 1950, no Centro de Estudo, surgiram diversas publicações mimeografadas de poesia, naturalmente para circulação interna, especialmente a intitulada *Vértice*, uma antologia poética lançada em comemoração do primeiro centenário da definição dogmática da Imaculada Conceição (1954). Nessas publicações, colaboraram diversos estudantes de teologia, entre eles Inácio Larrañaga. Tempos depois, alguns desses jovens poetas escreveriam belos livros de poesia.

* * *

Apesar de Inácio não apreciar a teologia escolástica, os quatro anos de estudos não lhe foram totalmente descartáveis. Na verdade, ele foi um cumpridor exato da estrita disciplina comunitária, a vida em comum. A assídua leitura e a meditação das Cartas de são Paulo, especialmente aos Efésios, Filipenses e Colossenses, fascinaram-no e até o seduziram, de modo que, em um de seus mais recentes apontamentos, as qualificou de "uma admirável aventura pelas correntes subterrâneas dos abismos intermináveis, onde reluzia o rosto bendito de Cristo".

A busca do verdadeiro rosto de Deus, a que Inácio Larrañaga tinha se lançado desde a juventude de maneira bastante surpreendente, foi concentrada especialmente nos últimos anos de seus estudos na teologia e na espiritualidade paulinas, tão profundamente enraizadas em Cristo, por quem e em quem o mistério de Deus, isto é, o projeto de Deus, agora revelado (como insiste são Paulo, que chama todos os homens para constituir um só povo), se ilumina e se esclarece em Cristo Jesus como ícone (imagem) e apresentação perfeita de Deus-Pai, capaz de ser desvelado e suscitado na consciência pela intensidade do desejo ou pela profundidade do sonho, do Espírito.

A vida de Inácio Larrañaga com o "em Cristo", expressão tipicamente paulina reiterada dezenas de vezes em suas cartas, foi se aprofundando notavelmente nesse perseverante mergulho na cristologia paulina, da qual se aproximou ao final dos estudos teológicos. Isso o libertou daquela devoção e daquele entusiasmo um tanto romântico de conquista de sua primeira juventude, que começou a se manifestar como um sereno mergulho no abismo das insondáveis riquezas de Cristo.

* * *

No teologado capuchinho da época, bem como nas outras comunidades religiosas da ordem, havia o costume de levantar-se à meia-noite para rezar as Horas do Ofício Divino, denominadas matinas e laudes. Esse costume ancestral, e por isso mesmo sagrado, era muito mortificante para Inácio; mas, em algumas ocasiões, nas noites de verão, essa penitência tinha uma compensação. Quando voltava para sua cela, ele costumava olhar através de sua pequena janela para contemplar o céu estrelado e escutar o canto dos rouxinóis, abundantes à beira do rio Arga, que deslizava suavemente ao lado da horta do antigo convento. Subitamente, como descreve em seu livro *A rosa e o fogo*:

Dos mais remotos sonhos do mundo, surgia e vinha alguém: Jesus. [...] Estávamos, nós dois, acima das palavras. Ele era o único na noite estrelada, o ideal eterno da alma profunda da humanidade. Só sei que ele estava comigo, que me cobria com seu resplendor e não havia no caminho lamentos, grilhões nem lutos. Seria a eternidade?[1]

Nessas "noites transfiguradas", era difícil para Inácio conciliar o sono. Depois tinha de se esforçar para ficar acordado durante as aulas. Ele guardou essas experiências místicas por toda a vida como em um cofre de silêncio (as quais vamos nos referir mais adiante).

É preciso considerar a rara sensibilidade e a abertura para o divino experimentadas por Inácio ainda na juventude, e até antes desse período. Além disso, é necessário acrescentar que, ao dirigir o coro dos estudantes teólogos (muito numeroso naquele tempo), quando os resultados não correspondiam a suas expectativas, ele se exaltava, experimentando um sentimento difícil de explicar. Mais tarde, o mesmo lhe ocorria quando se sentava ao piano, e pouco tempo depois ao órgão, e se punha a improvisar. Então, de acordo com suas palavras, "voava, navegava sulcando os espaços siderais, além das galáxias".

Naquela época, seu espírito romântico ainda não o havia abandonado (e é bom acrescentar que nunca o abandonaria em sua vida). Mas essa capacidade contemplativa congênita, que começou a manifestar-se ainda na infância, fora se consolidando e amadurecendo ao longo dos anos dos estudos de filosofia e teologia; a partir do período do noviciado, dera passos decisivos na

---

[1] *A rosa e o fogo*. São Paulo, Paulinas, 1998. pp. 30-31.

oração contemplativa no espírito de são João da Cruz, alcançando vislumbres do inominável, que estava entrevendo como um mistério vivo e fascinante, e em um cuidadoso processo de busca do rosto de Cristo, especialmente nas cartas de são Paulo.

Ao final dos estudos teológicos, ele escreveu uma espécie de tese, quase um folheto, sobre são Paulo. Ficava cativado com o apaixonamento do apóstolo por Jesus Cristo, assim como pela expressividade e pela riqueza de sua linguagem espiritual e cristológica.

Ao longo dos quatro anos do curso teológico, seus sonhos de conquistar o mundo para Cristo, intensificados no período do noviciado, apoiado no exemplo missionário de Francisco Xavier, foram se adensando e centralizando-se cada vez mais em uma busca apaixonada do rosto de Cristo, que se tornou o núcleo de sua evolução espiritual e de sua experiência de Deus. No entanto, era uma procura solitária, de maneira que, poderíamos dizer, não teve nenhuma "intoxicação dogmática" nos quatro anos de estudo da teologia escolástica, que, desde o início, causou-lhe uma forte rejeição.

Nesse mesmo contexto, e no espírito de Jesus Cristo, quando concluiu os estudos teológicos, seu sonho de atravessar o oceano para ser missionário em algum país da América Latina foi se transformando em um ardente desejo de evangelizar o mundo dos pobres e marginalizados, explorados pela sociedade capitalista. Nesse tempo, a preocupação com o trabalho crescia entre os jovens mais inquietos e conscientes dos seminários, entre os quais estava Inácio. Nele, o móvel dessa inquietude, não sem um toque de romantismo, foi principalmente o próprio compromisso de Jesus com os marginalizados e excluídos de seu tempo, que lhe foi revelando com maior clareza o rosto de Cristo pobre entre os pobres.

Isso explica por que anos depois, nas terras latino-americanas, Inácio simpatizaria e até cooperaria por um tempo com o movimento da Teologia da Libertação. Além disso, sua mensagem, bem como seu conteúdo e vocabulário, foi se alinhando e projetando mais para a margem dos da instituição religiosa da época. Em grande parte, isso ocorreu pelo espírito renovador do Concílio Vaticano II, com o qual ele sintonizou entusiasticamente desde o princípio, mas principalmente a partir de sua peculiar experiência de Deus, consolidada e adensada desde a época do noviciado, ao amparo e à luz da personalidade e do exemplo de Francisco de Assis, que o marcou decisivamente. Poderíamos dizer que o espírito de Inácio Larrañaga vibrou de maneira profunda, como "com uma consonância de harmônicas interiores", com o espírito do *poverello*, o que está amplamente refletido em diversas páginas de seu livro *O irmão de Assis*.

Ao cair da tarde, na cidade de Pamplona, na pequena janela de sua cela conventual, Inácio cantava suavemente o *Cântico das criaturas*. Em plena sintonia com o espírito vibrante de Francisco de Assis, a melodia se fundia e confundia-se com o canto dos pássaros e o brilho do sol, que se desvanecia nos picos longínquos. Então, sentado ao piano, em súbitos arranques improvisados, evocava mundos indizíveis com acordes e arpejos impressionistas, tendo no centro de tudo: "Aquele que é ternura musical em um tom maior", de acordo com suas palavras. Não em vão, a música e a amizade com Deus foram as duas "forças embriagadoras" de sua juventude e, na realidade, o seriam por toda a sua vida.

Como foi citado anteriormente, Inácio Larrañaga completou sozinho seu processo de desenvolvimento espiritual, sem nunca pedir conselhos a nenhum diretor espiritual, nem mesmo no período do noviciado. Isso não deixa de ser estranho em alguém que, como ele, estava levando uma vida interior com características atípicas, em um tempo e um ambiente como os dos centros de formação religiosa da etapa pré-conciliar, marcada pelo direcionismo. Era, sem dúvida, uma questão de temperamento, mas, ao mesmo tempo, de vaga consciência de ter sido chamado a um destino peculiar, certificado por intensa experiência de Deus em uma idade tão precoce (pouco mais de 20 anos), e no horizonte da ordenação sacerdotal.

Naquele tempo, nos seminários, considerava-se o sacerdócio como o ápice de todo processo formativo. Larrañaga aguardou o momento da ordenação sacerdotal como quem acalenta um grande sonho, com a clara consciência de que se tratava da mais elevada forma de compromisso com Jesus Cristo.

Mas, próximo à data da cerimônia, começou a ser atormentado por algumas dúvidas, diante do temor de não ser capaz de corresponder com generosidade a tão sublime ideal ou de vir a ser um clérigo a mais, um simples funcionário das coisas sagradas. Além disso, temia que a função sufocasse seus elevados sonhos de ser um autêntico pregoeiro e uma testemunha de Deus e de seu mistério, que experimentara com especial intensidade na etapa final de seus estudos.

Em todo caso, vivenciou o retiro preparatório da ordenação sacerdotal com grande intensidade. Ao pesquisar nas origens da teologia e da espiritualidade paulinas, sonhava com um sacerdócio que estivesse a serviço dos pobres e dos excluídos da sociedade, no espírito de Jesus Cristo pobre e humilde.

No entanto, para ele, a data da ordenação, ocorrida em 20 de dezembro de 1952, foi considerada "frustrante"; nem a companhia dos familiares e dos companheiros ordenados com ele, nem o clima festivo foram suficientes para evitar que seu espírito mergulhasse em uma espécie de vazio e desolação, que se prolongaria por longo tempo. Era algo difícil de ser explicado, ou talvez nem tanto, tendo em vista sua inclinação para a introversão e a solidão, e possivelmente também sua falta de interesse pelas formalidades características de uma cerimônia tão relevante na Igreja como uma ordenação sacerdotal.

Tempo de espera

Essa sensação de vazio de Larrañaga iria se prolongar por seis anos seguintes à ordenação sacerdotal, antes de partir para o outro lado dos mares. Para um espírito inquieto e sonhador como o dele, que continuava a acreditar que alçaria vôo para o continente latino-americano, esse período foi interminável. Em seu íntimo, mantinha a figura de Francisco Xavier como exemplo e arquétipo de evangelizador e também a inquietude, que nos últimos anos tinha crescido nele, de anunciar o Reino de Deus aos mais humildes e excluídos da sociedade, e de lutar pela justiça social.

Mas o tempo de Deus não é o mesmo dos homens, e, como sabemos, os moinhos do Senhor moem devagar. Tanto que, muitas vezes, nosso espírito mergulha na impaciência e no desassossego. Em nosso íntimo, instalam-se o temor e a perturbação, e até a dúvida, principalmente se estivermos aferrados a sonhos e utopias que podem não ser mais que reflexos e quimeras, que pouco se relacionam com o "sopro" do Espírito e seus impulsos, muitas vezes (se não sempre) desconcertantes e inesperados.

Nesse período, Inácio experimentou o que sempre temera antes da ordenação sacerdotal: tornou-se um mero funcionário da instituição religiosa, atuando como pianista e organista em duas das igrejas mais famosas da Ordem Capuchinha na região: Santo Antônio de Pádua, de Pamplona, e Nossa Senhora de Lourdes, no País Basco. Por meio do teclado, demonstrou sua capacidade contemplativa e intuitiva, aguçada pelo forte caráter imaginativo e intuitivo e estimulada pela atividade mais rotineira, que se via obrigado a realizar nas comunidades de caráter basicamente clerical.

No entanto, naqueles anos de desencanto e aparente esterilidade, jamais imaginara que Deus iria se manifestar de modo desconcertante, isto é, a seu modo, como dom e gratuidade pura, saindo a seu encontro na escuridão da noite em Gallipénzo, uma aldeia distante localizada na província de Navarra.

Na ocasião, seu superior religioso o enviara ao lugarejo para confessar e pregar na festa do Sagrado Coração de Jesus. Na tarde do sábado anterior ao evento, Inácio dedicou-se a atender numerosos penitentes no confessionário da igreja paroquial. Na semana anterior, surgiram alguns problemas e mal-entendidos em relação a ele, que o deixaram muito perturbado. Enquanto se recolhia na casa paroquial, a recordação das contrariedades invadiu-o novamente, deixando-o insone. Por esse motivo, levantou-se da cama para contemplar o céu estrelado e se distrair.

De repente, ocorreu-lhe algo inesperado. De acordo com suas palavras:

> O quê? Um deslumbramento que abarcou e iluminou o universo sem limites de minha alma. Eram vastos oceanos plenos de vida e de movimento. Uma inundação de ternura. Uma maré irresistível de afeto que arrasta, cativa, sacode e amolda, como faz a corrente sonora com as pedras do rio.[2]

---

[2] Ibidem, p. 40.

Como afirma o mesmo autor, embora isso seja algo difícil de explicar: "talvez uma única palavra pudesse sintetizar 'aquilo': amor. O amor que assalta, invade, inunda, envolve, compenetra, embriaga e enlouquece".[3]

Quando se trata de explicar o inexplicável, é impossível não multiplicar as palavras. De repente, tudo fica estático, como se o tempo houvesse parado; no entanto, talvez fosse só um instante, no qual o coração, apesar de tudo, continua batendo em um ritmo desacostumado. Perdida a noção do tempo e do espaço, tudo é também silêncio, claridade interior, lágrimas apaixonadas. Seria uma súbita e gratuita manifestação de Deus, mais presente em nós mesmos do que somos capazes de entender ou imaginar? Ou um relance da realidade que está além de tudo, ao mesmo tempo que a existência aparece de repente como que revestida da presença não de um Deus, nem sequer do Pai, mas do papai queridíssimo, talvez da mamãe mais que amorosa, que o preenche por inteiro?

A experiência infusa do Deus-Amor, que os teólogos chamam de experiência relâmpago de Deus (gratuidade infusa extraordinária), invasora, desproporcionada, vivíssima, ocorre raramente e, ao que parece, só uma vez na vida de cada pessoa. Para Larrañaga, essa ocasião foi decisiva e marcante, pois, a partir dela, tanto sua vida e mensagem como seus escritos e uma revelação estarão sempre marcados pela experiência daquela noite venturosa: a mensagem do amor eterno e gratuito do Pai; o abandono como a viga mestra da libertação interior e da vivência de uma fé pura; a ausência de um dogmatismo rígido e moralista; a libertação de obsessões, culpa e outros complexos. Como princípio absoluto de sua mensagem, está o seguinte pensamento:

---

[3] Ibidem.

Esta é a vontade de Deus: que todos sejam felizes. Primeiro mandamento: deixar-se amar por Deus, porque só os amados amam; abertura ecumênica; insistência sobre valores como a compaixão, a misericórdia, a solidariedade [...].

Na véspera da festa do Sagrado Coração, Inácio Larrañaga não conseguiu dormir. Na missa solene do domingo, seu sermão foi (não sem esforço) de ocasião e funcional, como se esperava dele.

No além-mar

Fiel ao temperamento retraído e solitário, por isso nada inclinado a abrir seu espírito diante dos demais, incluindo, e até com mais razão, os próprios companheiros de comunidade (e também por respeito ao mistério vivido com tanta intensidade, de fato incomunicável), ao retornar ao convento de Pamplona, Inácio não pôde deixar de controlar suas emoções, que continuaram a reprimi-lo por meses, mergulhando-o em alguns momentos em um estado emocional "quase-extático" e desafogando seu espírito com originais e estranhas improvisações no órgão, diante da admiração coletiva.

Ao longo dos meses, insistia para que os superiores o enviassem a terras longínquas. Finalmente, em agosto de 1959, em Barcelona, ele iniciou sua viagem na antiga embarcação Conte Grande, rumo à América Latina.

Um mês depois, chegou a Buenos Aires, onde fez a gentileza de me visitar (na época, eu era professor de um colégio religioso); depois, dirigiu-se ao Chile, "a terra prometida", atravessando a extraordinária Cordilheira dos Andes, outro dos pontos altos de sua longa caminhada, em uma antiga locomotiva que deixaria de operar pouco tempo depois.

Na ocasião, seu sonho começava a se realizar. Poucos dias após sua chegada àquele país tão extenso e estreito, ele pregava missões populares em sítios ou fazendas do vale central, dedicadas basicamente à cultura da uva e de frutas características do fértil vale central do Chile, bem como ao cultivo de cereais, hortaliças e à criação de gado.

Desde o começo, ele se sentiu muito bem nessa atividade missionária popular, peculiar naquele tempo, especialmente na zona central do Chile. Esse tipo de missão popular correspondia a um esquema de pregação com características da primeira metade do século passado, na Espanha, como a exposição das "verdades eternas" em uma concepção teológico-espiritual tradicional e severa, e muitas vezes assustadora e dramática.

Aqui, vale citar que, desde a juventude, Inácio Larrañaga sempre fora alheio a uma teologia e uma espiritualidade baseadas no temor; naquela noite, em um pequeno povoado da católica Navarra, estabeleceu-se o marco do conteúdo de sua pregação, centralizada quase obsessivamente no amor do Pai, que "não é um Deus revestido de relâmpagos, mas um mar de ternura", de acordo com suas próprias palavras. Ele não se cansava de semear sonhos e estrelas na alma de todos aqueles pobres camponeses que, a cada semana, assistiam aos atos da missão com lágrimas nos olhos.

O caminho franciscano

No tempo conciliar, Inácio viveu um "estalo primaveril". Foi um tempo de graça para um espírito livre e desperto como o dele, que entrava no auge da maturidade. Sem dificuldades, ele se uniu ao entusiasmo e aos ideais, aos sonhos e até às fantasias, que começaram a alimentar os espíritos mais inquietos da Igreja desse tempo (entre os quais, havia alguns integrantes da própria instituição religiosa, a Fraternidade Capuchinha Chilena). Por isso, alguns religiosos se propuseram a criar uma "fraternidade de presença" entre os pobres, que, a despeito de muita luta, não chegaria a se concretizar. Algo semelhante aconteceria em outros lugares, com melhores resultados.

Também fez parte da "ocupação" da catedral de Santiago, junto com integrantes de um grupo denominado Igreja Jovem. Posteriormente, na Argentina, participou de um encontro de Sacerdotes para o Terceiro Mundo, que reuniu 130 sacerdotes e religiosos e dois bispos. Em todas as atividades, sempre manteve um idealismo e um entusiasmo quase desmedidos, semelhante aos tempos de juventude. Mas alguém, naturalmente o Pai, foi outra vez a seu encontro, indicando-lhe outro caminho a ser traçado. Esses desvios haveriam de acompanhá-lo e marcá-lo por toda a vida (no entanto, esses percalços são comuns entre os verdadeiros buscadores de Deus, ou de outras idéias menos elevadas, mas que também ficam à margem dos caminhos percorridos).

No sexto ano de sua permanência no Chile, um frade franciscano belga, coordenador geral dos franciscanos, visitou-o em sua casa de Santiago para falar dos desafios apresentados pelo Concílio Vaticano II às congregações religiosas, e concretamente à ordem franciscana. Em resumo, realçava a importância do retorno às fontes da inspiração original, superando aquele estado de vida, estilo ou costume da vida religiosa secular chamado de observância regular, para recuperar a novidade do espírito evangélico vivido com tanta originalidade por Francisco de Assis. Também lhe propôs organizar uma Semana de Convivência Franciscana, realizada em Santiago do Chile, em que participaram 54 religiosos de diversos países da América Latina, integrantes da família franciscana da região.

Aquela foi uma semana de estudo e retiro, reflexão e convivência fraterna. Nesse tempo, ainda não era comum a realização desse tipo de encontros regionais, que depois se multiplicaram. A necessidade de encontrar-se era uma conseqüência do apelo do Concílio para renovar as estruturas da vida religiosa. Tratava-se da mudança de uma vida comum para uma existência comunitária e fraterna.

Nessa assembléia, os irmãos reunidos se propuseram a tomar consciência do genuíno espírito de seu fundador, Francisco de Assis, retornando às fontes da inspiração original, e, assim, caminhar no ritmo da Igreja pós-conciliar. O Concílio tinha incentivado os religiosos a retornarem às fontes da vida cristã e à primigênia inspiração dos institutos, adaptando-se às cambiantes condições dos tempos (PC 2).

Ao fim da Semana de Convivência Fraterna, os religiosos participantes estavam muito satisfeitos: "Foi um verdadeiro Pentecostes", afirmava-se nas atas da reunião, cuja conseqüência imediata foi a criação de um organismo permanente para assegurar a continuidade desse espírito de renovação conciliar: o "Centro de Estudos Franciscanos e Pastorais para a América Latina" (Cefepal).

Tratava-se de uma fraternidade de três frades liberados para o trabalho intelectual, a animação e a difusão franciscanas na América Latina; mas, inicialmente, os esteios do centro foram os irmãos Piérre Béguin, ofm, e Inácio Larrañaga, ofm cap.

Desde muito jovem, Inácio sentira-se especialmente atraído pelo espírito e pela personalidade de Francisco de Assis. Isso parece óbvio, por se tratar de um franciscano. No entanto, se lembrarmos que, desde o tempo da "restauração" dos institutos religiosos mais antigos (final do século 19), o sistema sacro tradicional em que se apoiava a vida religiosa, qualificado como "observância regular", fora se convertendo pouco a pouco em algo quase absoluto (ao mesmo tempo privilegiava um estilo de vida que, em não poucos aspectos, contradizia valores essenciais do projeto fundacional), verificamos que a realidade é outra. Nesse contexto, são Francisco era mais um modelo de santidade que um arquétipo, mais um paradigma de virtudes que um desafio e um caminho, justamente o projeto de vida evangélica. Por isso, não é de estranhar que, naquele tempo, são Francisco fosse quase um desconhecido para muitos franciscanos, por mais inusitado que possa parecer.

O ingresso na equipe do Cefepal proporcionou que Inácio tivesse a oportunidade de aprofundar seus conhecimentos sobre são Francisco e a espiritualidade franciscana. Ele dedicou muito tempo a essa tarefa, elaborando uma temática de caráter doutrinal e vital que resgatava os valores essenciais do projeto de vida franciscano: a busca de Deus a partir da radicalidade da fé, a fraternidade, a desapropriação e o espírito de minoridade. Essas qualidades foram a base para sua atividade animadora dentro e fora do Chile, na América Latina e na Espanha, assim como para a revista *Cuadernos Franciscanos de Renovación*.

Entre os livros que mais influenciaram sua compreensão do mistério de Francisco de Assis (e até da própria vida, cujas marcas podem ser percebidas na obra que ele mesmo escreveria quase quinze anos depois), foi *Sabedoria de um pobre*, de Eloi Leclerc. A assídua leitura do conteúdo ajudou-o a compreender melhor a peculiar experiência de Deus de Francisco de Assis, sua sabedoria do divino, tão ligada à gratuidade, à simplicidade ou à pobreza espiritual, o espírito de infância evangélico, que constitui o ápice da maturidade humana e evangélica; por outro lado, auxiliou-o também a superar situações pessoais que comprometiam seriamente sua paz de espírito e até seu processo de crescimento interior (sobre isso, vamos nos referir posteriomente).

Inácio Larrañaga sentiu-se fortemente impactado pela espiritualidade pascal e cósmica de são Francisco de Assis, que correspondia às próprias tendências e intuições, e que, com o tempo, integraria sua cosmovisão, compreensão e pedagogia do mistério de Deus de maneira profunda e decisiva, até integrar um dos traços característicos de sua personalidade.

– Que Deus seja Deus em ti, isso basta, e isso te fará livre, compreendes? Então poderás atravessar o mundo com a tranqüilidade dos grandes rios – diz Francisco a seu companheiro Rufino, perturbado por suas apreensões acerca do verdadeiro caminho a seguir para encontrar Deus.[4]

De forma semelhante, Inácio também enfrentou diversos momentos de conflito (e quem não os tem, sendo um verdadeiro buscador de Deus?). Na solidão das montanhas da cordilheira, povoadas de silêncio, ele se tornou um atento ouvinte da Palavra, especialmente a partir dos profetas (em particular Isaías) e dos Salmos. A cada dia, ficava-lhe cada vez mais evidente o próprio caminho para o encontro com Deus, ao mesmo tempo escuro e luminoso, de abnegação e libertação, de deserto e festa.

Inspirado na Bíblia e sob a orientação privilegiada de Francisco de Assis e João da Cruz, ele se sentiu também urgido a impulsionar os demais na busca do rosto de Deus.

---

[4] LECLERC, Eloi. *Sabiduría de um podre*. 12. ed. Madrid, Marova, 1992.

Nos primeiros anos de seu caminhar, a equipe do Cefepal desenvolveu as Semanas de Convivência Franciscana, que consistiu em uma ampla atividade animadora não só no interior do Chile, mas também em outros países do continente. O evento contou com a participação de diversos religiosos, sendo acolhido com entusiasmo por todos. Posteriormente, surgiram centros similares ao do Cefepal em outros países.

Tempo de crise

Mas, na vinha do Senhor, é impossível haver somente alegria e bonança. A contrariedade e a contradição estão sempre de emboscada, especialmente quando tudo parece sair às mil maravilhas. Pouco depois, o próprio superior provincial capuchinho do Chile começou a manifestar seu desacordo com a constituição jurídica da fraternidade interfranciscana do Cefepal e seu estilo de vida autônomo, e também com algumas características que considerava liberais e contestadoras.

Com menos de dois anos de existência, esse questionamento, principalmente no contexto do Concílio Vaticano II, não deixava de ser atraente. Isso ocorria porque o referido superior chegou a recorrer às autoridades gerais da Ordem, insistindo na irregularidade jurídica da comunidade do Cefepal.

Na ocasião, Larrañaga havia aceito alguns convites para dirigir as Semanas de Renovação Franciscana no exterior, de onde tinham chegado notícias da oposição de seu superior provincial ao funcionamento e às atividades do Centro. Por esse motivo, essas semanas não obtiveram o êxito esperado.

A cada semana, a crise ia se aprofundando no espírito de Larrañaga, até que se transformou em uma situação quase agônica. De longe, essa reação poderia parecer desproporcionada. Mas os tempos eram outros, e é preciso considerar sua extrema sensibilidade a qualquer arbitrariedade ou falta de razão (ele ainda não crescera bastante no "abandono"!), e, em especial, seguramente o entusiasmo com que havia embarcado em um projeto e em uma atividade que preenchiam suas expectativas, que animavam e justificavam o espírito de inovação e aventura.

Por vários meses, Larrañaga mergulhou em uma profunda depressão. No entanto, essa era somente uma estratégia do Pai para conduzi-lo à solidão e à montanha, pois, em seu trajeto, descobriria o deserto e, por meio de reiterados atos de entrega, o abandono.

A notícia de seu exílio repercutiu nas comunidades capuchinhas do Chile e de outros países da América Latina. Dirigindo seu carro, ele se embrenhou na pré-cordilheira sem uma meta definida, como quem busca fugir dos problemas, a partir de uma atitude de fé quase cega (vale citar que, em sua vida, essas fugas iriam se repetir outras vezes).

Após algumas migalhas de paz alcançadas, teve consciência de que, ao final, todos os problemas tinham raiz em sua mente, cuja solução dependia dele mesmo. Em resumo, era algo muito simples: bastava repetir uma e outra vez, até cem vezes: "Está bem, Pai! Tudo está bem".

Assim, passo a passo, aquela espécie de obsessão (muitas vezes, nossas reações fortemente emocionais costumam ser bastante ambíguas, e até equívocas) foi se esfumando, até desaparecer. No entanto, isso lhe deixou marcas (pois somos feitos a partir de um forte esforço de aceitação da realidade, das diversas incidências do problema, algumas delas bastante mortificantes, e da vontade de Deus cada vez mais bem percebida como graça e vontade do Pai, que acabaria qualificando como abandono) e se transformou em uma das palavras-chave de sua mensagem oral e escrita.

E não ficaria menos marcada em seu espírito a experiência do deserto – a propensão para a solidão parecia estar impregnada também em seus códigos genéticos –, em que foi penetrando passo a passo ao longo dos dois meses de experiência de crise, que culminou com uma semana de retiro nas montanhas da Cordilheira dos Andes, tendo ao fundo uma bela e extensa passagem do Cajón del Maipo, percorrida pelo caudaloso rio do mesmo nome.

No local, Inácio foi acolhido por um casal com cinco filhos menores, que se dedicava à criação de cabras e ovelhas. No local, alojou-se em uma humilde choupana geminada à modesta casinha, alimentando-se com os víveres indispensáveis que ele mesmo levara e com o pão e o queijo fabricados pela dona da casa.

A cada dia, ele foi penetrando no mistério do Sem-Nome, Simplesmente Ele (Eloim na Bíblia, que significa "O único Deus verdadeiro"), utilizando como "instrumentos de trabalho" diversas fórmulas oracionais despojadas, como mantras, exclamações, gritos e sussurros de louvor e encantamento; além disso, diversas expressões bíblicas, em especial dos salmos 104 e 139, que lhe eram familiares, e outras formas oracionais de são Francisco ou que brotaram do fundo do fervor e do gozo do espírito multiplicado dia após dia pela realidade da Presença manifestada repentinamente na medula da consciência, ou nos tecidos do coração como em resposta à intensidade do desejo, pura e essencial, amante e envolvente, desvelando o espírito várias vezes, até o estremecimento e as lágrimas.

Como fruto da singular semana na escuta de Deus a partir dele mesmo, surgiu em Inácio uma nova compreensão interior, com maior liberdade e objetividade, com uma espécie de urgência, uma aguda exigência interior de abertura do espírito para a ternura e a compaixão, a humildade e paciência, e uma vontade de vir a ser verdadeiramente menor no espírito de Francisco de Assis, e até de desaparecer. Por esse motivo, desde então, muitos pontos de vista, critérios e juízos de avaliação sofreriam drásticas alterações em sua vida e espiritualidade.

Para Larrañaga, o período passado naquele ambiente peculiar das áridas encostas da Cordilheira dos Andes (o deserto é como um lugar teológico-espiritual na tradição bíblico-cristã), na companhia de uma humilde família de pastores, foi o início de uma etapa de amadurecimento e consolidação de inquietudes, convicções e intuições. Além disso, tornou-se fruto de uma experiência consolidada de Deus, que refletiria alguns anos depois em seu primeiro livro, *Mostra-me o teu rosto*.

Resultado do retiro integral de uma semana (que repetiria um ano depois, com características similares) e da nova abertura do espírito (no embalo do então recente Concílio Vaticano II), nasceu em Larrañaga um desejo crescente de aprofundar o mistério de Deus com base em uma ideologia atualizada da época, com a orientação de alguns dos grandes teólogos em evidência, como, por exemplo, Carl Rahner, Congar, Schillebeeks, Karl Barth, Bonhöffer, Hamilton (os quais considerou "verdadeiros confessores e testemunhas de Jesus Cristo"). Nesses exemplos, ele viu a possibilidade de integrar a experiência de Deus com a racionalidade.

Mas quem marcaria por anos sua experiência espiritual seria Teilhard de Chardin, antes considerado proibido (suas obras completas foram adquiridas posteriormente por Inácio, em cuja leitura mergulhou por anos com um entusiasmo não comum), assim como Meister Eckhart e obviamente Isaías e são João da Cruz, que deixariam uma marca profunda em seu espírito. Além disso, havia a própria experiência de Deus (o que qualificou como canto fundamental) integrando os aspectos-chave de sua mensagem espiritual falada e escrita.

Esse processo de amadurecimento e desenvolvimento se prolongou pela década de 1970, alternado com uma intensa atividade no Centro Franciscano e a colaboração na revista *Estudos franciscanos de renovação*, que desenvolvia uma temática inovadora para a época em relação ao carisma franciscano. A partir da leitura e da meditação do livro *Sabedoria de um pobre*, de Eloi Leclerc, que o comovia até as raízes, esse conteúdo se consolidou e se tornou um vade-mécum, que derrubou por terra todas as bases. Na época, o singular e evangélico Charles de Foucauld incentivou-o fortemente, ajudando-o a manter e intensificar a própria natureza contemplativa, bem como o lugar decisivo que ocupava em sua vida prática do "deserto" (que vinha realizando cada vez com mais freqüência na encosta da Cordilheira) e os "tempos fortes" de oração (60 minutos ao amanhecer), que havia começado a praticar.

* * *

Aos 40 anos, o espírito de sabedoria, ou o saber e o sabor de Deus (experimentado efusivamente por Larrañaga na época da juventude), que o professor de teologia o exortara a pedir com humildade diante da dificuldade apresentada pela teologia escolástica, crescia e se consolidava. Isso ocorreu por meio de um trabalhoso processo de reflexão e assimilação de novas certezas e intuições que integravam uma cosmovisão experimentada e visualizada como verdadeira revelação do Pai.

Era como o *cantus firmus*, ou os conteúdos fundamentais e substanciais do que integraria nos anos seguintes sua mensagem falada e escrita, bastante peculiar e diferente em diversos aspectos da mensagem religiosa tradicional (a que nos referiremos posteriormente na apresentação de seus livros).

Um dos aspectos que marcaram fortemente a espiritualidade de Inácio Larrañaga, e que surgiram principalmente a favor do então recente Concílio Vaticano II, foi o da espiritualidade dos *anawim*, os pobres de Javé. Em Israel, desde a época do profeta Sofonias, eles haviam se identificado cada vez mais com os verdadeiros buscadores de Deus, os de coração pobre e humilde, abertos à ação de Deus a partir de uma liberdade interior, recuperada passo a passo das ataduras do "eu", das ilusões e das quimeras dos que agem e sonham para defender a própria imagem. A essa espiritualidade bíblica dos *anawim*, Inácio chama de descoberta, a qual o plenificou de alegria e de uma gloriosa liberdade.

Esse sentimento o levou também a descobrir Maria como uma pobre de Deus e o mais perfeito paradigma dos *anawim*, superando assim a concepção da mariologia tradicional, a da mulher revestida de sol, com a lua sob os pés, rodeada de anjos, com ares de semideusa que lhe tinha parecido tão estranha na pregação nos primeiros anos de sacerdócio. Posteriormente, ele relacionaria no livro *O silêncio de Maria* os vislumbres e certezas sobre ela. Vale ressaltar que a publicação alcançou uma notável difusão em vários idiomas, por longos anos.

"Nada me dá pena"

Na década de 1970, Larrañaga ministrou diversos cursos semanais para a família franciscana da Espanha. Essa atividade foi tão intensa que ele mal podia respirar. Isso o impediu de se dedicar, como vinha fazendo, aos "desertos" e aos "tempos fortes" de oração. Por isso, decidiu retirar-se por tempo indeterminado à serra de Gredos, na província de Ávila. Em seu automóvel de dois cavalos, dirigiu-se à região, levando as obras completas de santa Teresa, são João da Cruz e são Pedro de Alcântara, seus preferidos nesse tempo, além, é claro, de são Francisco de Assis.

Naquele ambiente solitário, ele permaneceu 35 dias, somente interrompidos para visitar os sepulcros dos três santos espanhóis em Alba de Tormes, Segóvia e Arenas de São Pedro.

"Abundantes graças caíram sobre minha alma como poderosas borrascas", afirmou Inácio Larrañaga, ao longo dos dias em que o espírito entrava em êxtase ao contemplar a natureza bravia ou ao subir ao coração de Jesus. Nesses momentos, sentia-se motivado pela exortação de são Paulo: 'Haja entre vós o mesmo sentir e pensar que no Cristo Jesus'" (Fl 2,5).

Na imensidão dos altos penhascos, inspirado pelos salmos 8 e 104, em um arrebatamento contemplativo, seu espírito foi entrando na profundidade do espírito de Jesus, até sintonizar com as próprias notas harmônicas interiores e seu ardoroso clamor ao *Abbá*, que Inácio repetia continuamente como um eco: "Papai querido", até que sua voz se diluía em pranto.

Mas, nessas quatro semanas, nem tudo foi regozijo e exultação. Próximo ao final do exílio, ele foi tomado pelo cansaço e por uma espécie de obsessão de estar perdendo tempo, além de experimentar uma incapacidade extrema para concentrar-se; tudo isso foi se diluindo ao longo da última semana. Porém, em seu íntimo, foi se formando a evidência, sempre reiterada, de que "o amor é a suprema energia do mundo" e o princípio de todo progresso espiritual "consiste em deixar-se amar, porque só os amados amam". Além disso, o que caracteriza Deus é a extrema misericórdia e a compaixão por todos, e não pode ser de outra maneira.

Em uma granja perdida na solidão da serra, Duruelo, a ermida que foi a primeira fundação de frei João da Cruz, Inácio sentiu o impacto das palavras escritas pelo santo: "Esquecimento, silêncio, escuridão"; "Nada me dá pena"; "Nada me dá glória". Paradoxalmente, de acordo com Braz Pascal, sobre o abismo de infinito, o nada ou o vazio pleno de si mesmo, "edifica-se uma torre que se eleva até o infinito".

No caminho do irmão

Um ano após o "deserto" na serra de Gredos, Larrañaga obteve autorização de seus superiores chilenos para realizar uma longa peregrinação (seis semanas, entre setembro e outubro de 1970) pelos lugares franciscanos da Itália. Na ocasião, atuava como integrante do Centro de Estudos Franciscanos de Santiago do Chile, com o qual continuava colaborando ativamente.

Obviamente, iniciou sua viagem por Assis, essa mítica e quase mística cidade por sua forte ligação com as origens do franciscanismo – um dos movimentos de reforma evangélica mais característicos da Igreja –, onde, entre os séculos 12 e 13, nasceram e viveram Francisco e Clara.

Inácio Larrañaga começou a peregrinação de seu modo peculiar, passando dias inteiros em cada local sagrado do franciscanismo com grande deleite do espírito. Nesses lugares, entregava-se por horas à evocação e à contemplação individual e de sua história nas origens do franciscanismo: o Sacro Convento, a Porciúncula, São Damião (berço das clarissas), e dos eremitérios franciscanos, carregados de história, situados em lugares montanhosos: Cárceri, Le Celle e, no Vale de Rietti, um dos preferidos por Francisco, Poggio Bustone, Greccio, La Foresta e Fontecolombo, nos quais permaneceu cerca de três dias. Esses locais estiveram vinculados de maneira peculiar e direta a Francisco e a seus companheiros, em especial a frei Leão, a ovelhinha de Deus (em cuja companhia, e às vezes dialogando com eles, Larrañaga realizou sua longa peregrinação como caminhante).

Aqui, merece ser destacada a sagrada montanha do Alverne, aonde Francisco se retirava para orar e repousar em uma ampla gruta, sob um grande penhasco. No local, ele recebeu os estigmas de Cristo. Em seguida, por uma semana, Larrañaga viveu intensamente na presença e na contemplação de Cristo pobre e crucificado, sempre acompanhado do frade identificado e até implicado com Cristo nas diversas cenas da Paixão.

Aqui, vale destacar sua visita ao eremitério de Fonte Colombo, onde Francisco escreveu sua regra em meio a uma profunda crise, porque estavam em jogo sua fundação e até o sentido de sua vida.

* * *

Na primeira noite no eremitério de Fonte Colombo, Larrañaga foi dominado por uma profunda crise existencial, o que lhe marcou profundamente; vale citar que esse estado de espírito se refletiu também em vários de seus livros. Como Jesus no Getsêmani, pôde afirmar que, de repente, sentiu uma tristeza de morte, inexplicável e irracional. Foi algo invasivo, como de fastio e desolação, de vazio interior e repugnância a tudo, dia após dia, de sentir Deus tão longe e ausente como se não existisse, e, ainda mais, como se não importasse a existência dessa escuridão total, que são João da Cruz denomina "tempestuosa e horrenda noite".

Tratava-se de uma profunda depressão do espírito, com imprevisíveis e desagradáveis repercussões somáticas, que coroou inesperadamente uma peregrinação pela qual suspirara havia anos e em que tinha experimentado tão intensamente a proximidade de Deus na companhia de Francisco e seus irmãos.

Em sua visita aos quatro eremitérios do pitoresco vale de Rietti, Larrañaga sentiu-se libertado da forte emoção interior que o acompanhava ao longo da vida eremítica, e não precisamente monástica, mas no espírito e no estilo da pequena comunidade primitiva franciscana. Isso acalmou sua consciência, até se perguntar se, mesmo alternada com amplos tempos de "deserto" e de permanência prolongada em mosteiros trapistas aqui e ali, a vida ativa que levava corresponderia a sua verdadeira vocação e à vontade de Deus, por mais que esse impulso vital para a solidão e o anonimato estivesse marcado, ao que parece, em seu código genético.

Ao longo de sua existência, essa inquietude e insegurança jamais o abandonaram, tanto que, no início de 2000, tomou todas as providências necessárias a fim de retirar-se para sempre em um eremitério, mas não o conseguiu. É que os caminhos de Deus são imprevisíveis, e muitas vezes não coincidem com nossos sonhos ou desejos, por mais arraigados que estejam em nossa consciência reflexa.

Terminada sua peregrinação aos lugares franciscanos, após voltar para sua residência no Cefepal, em Santiago, o Pai lhe abriu várias portas, freqüentemente da maneira mais inesperada, dentro e fora do Chile: cursos de renovação conciliar para as clarissas capuchinhas mexicanas (muito numerosas, com mais de 50 mosteiros), assim como para as contemplativas peruanas (1972/1973), além da atividade animadora realizada habitualmente no interior do Chile, e sua colaboração nos *Cuadernos franciscanos*, que se fora consolidando cada vez mais no espírito conciliar nos países de língua espanhola.

A partir dessa atividade animadora, do assíduo estudo da teologia e da espiritualidade renovadas, mas especialmente, sem dúvida, da própria experiência de Deus, Inácio começou a escrever um longo texto que, em 1974, se tornaria seu primeiro livro: *Mostra-me o teu rosto.*

Nesse mesmo ano, no Brasil, ele dirigiu semanas de retiro de caráter formativo, que se denominavam Semanas de fraternidade e oração. Eram tempos de um forte secularismo, mas, por outro lado, em importantes setores da Igreja, de calorosas propostas de uma religiosidade fundamentada na linha da Teologia da libertação. Na ocasião, sentiu-se chamado a denunciar – e começou a fazê-lo de forma dramática – o secularismo em moda. De acordo com suas palavras, para que haja fraternidade, é necessário inverter as antigas leis do coração e realizar uma revolução dos instintos espontâneos do homem. Essa revolução só pode ser realizada por alguém que venha de fora e se instale no coração: Jesus Cristo... Sem Deus, os homens só vão amar a si mesmos, dando rédea solta a todas as tendências regressivas e agressivas de seu coração.

Naquela época, frei José Carlos Corrêa Pedroso, ofm cap, atualmente diretor do centro de Espiritualidade de Piracicaba, da

Província dos Capuchinhos de São Paulo, sugeriu que, dali em diante, os participantes tivessem uma parte prática, com períodos destinados expressamente à reflexão e à meditação, ao silêncio e à oração, na forma e no espírito da temática apresentada, integrando-se assim no desenvolvimento da semana. Então, no início de 1975, concretizaram-se os Encontros de experiência de Deus (a que nos referiremos no capítulo seguinte).

Entretanto, o Centro Franciscano do Chile (Cefepal) se abria cada vez mais a outros países, principalmente à Argentina e ao Uruguai, onde se fundaram outros Centros similares na década de 1980, que se tornaram uma organização intercentros com ampla atividade formativa, atualizada no âmbito do franciscanismo na América Latina. Como o trabalho de Inácio Larrañaga se concentrava cada vez mais nos Encontros de Experiência de Deus, sua ausência do Cefepal se tornou habitual. Em intervalos espaçados de tempo, escreveria dois livros: *O silêncio de Maria* (1976) e *Suba comigo* (1978); além disso, dedicava-se aos compromissos do Centro e aos retiros periódicos na Cordilheira dos Andes.

Na década de 1980, no período de recesso da atividade apostólica no exterior, Inácio Larrañaga escreveria mais cinco livros: *O irmão de Assis* (1980), *Encontro* e *Sofrimento e paz* (1984), *Salmos para a vida* (1986) e *O pobre de Nazaré* (1990). A cada ano, os Encontros de Experiência de Deus foram beneficiados, por meio da reflexão e do aprofundamento de sua temática essencial realizada em seus livros; ao mesmo tempo, a própria evolução humana e espiritual e as diversas atividades realizadas suavizaram seu tom de severidade e dureza, propiciando novas maneiras de apresentar seu conteúdo, mantendo sempre o tom e o modo proféticos da essência de sua mensagem, notavelmente fiéis a si mesmos com o passar do tempo.

Vale mencionar também estas gravações produzidas entre as décadas de 1980 e 1990: *Vida com Deus* (6), *Vida com Maria* (3), *Vida em fraternidade* (3), *Caminhos de paz* (6), *Orar com os salmos* (6) e *Jesus de Nazaré. Meditações cristológicas* (6).[5]

Consolidação das OOV

Em outubro de 1991, foi constituída uma Fraternidad de TOV[6] na comunidade de Lo Barnechea, localizada no extremo oriente de Santiago, ao pé da Cordilheira dos Andes. Composta pelos freis Inácio Larrañaga, Camilo Luquín e Patxi Balenciaga, a irmandade permaneceu no lugarejo por três anos, ocupando-se basicamente da elaboração e gravação do Nuevo Cantoral de TOV, e ocasionalmente do acompanhamento ao exterior dos grupos de OOV na parte litúrgica.

A serviço da casa e dos integrantes da nova fraternidade, estavam Maria Pinto (que, desde o início, tinha sido a "dona de casa" do Cefepal) e Isabel Illesca (que ingressara no Centro em 1979). Em 1991, quando se cumpriram 17 campanhas de Encontros de Experiência de Deus (em média, foram realizados mais de 30 por ano, entre 1974 e 1991), Larrañaga teve a sensação de finalizar uma etapa de sua vida.

No entanto, ninguém é profeta na própria terra, e menos ainda em relação a si mesmo. Por isso, até os dias atuais, ele continua dirigindo os Encontros (embora com um ritmo menor de trabalho, pela dedicação constante ao desenvolvimento das OOV na elabo-

---

[5] Madrid, San Pablo Conmunicación.
[6] *Talleres de Oración y Vida* (Oficinas de Oração e Vida – OOV).

ração de novos instrumentos de trabalho e subsídios). Entre esses, destacam-se o *Manual do guia* definitivo, o trabalho nas oficinas para jovens, o retiro para animadores e a celebração das diversas etapas do encontro, como a assembléia de duas semanas com 45 casais, a fim de prepará-los para dirigir os Encontros de Experiência de Deus (no capítulo 4, vamos nos referir mais detalhadamente às atividades relativas às OOV).

Em 1993, publicou *Estilo e vida do guia*, para uso exclusivo dos guias das OOV. Quatro anos depois, fez uma versão desse livro para os leitores em geral, intitulada *Transfiguração*. Nesse mesmo ano, escreveu *A rosa e o fogo*, de caráter autobiográfico. Recentemente, publicou *O sentido da vida*, uma compilação e seleção de textos para cada dia do ano. Entre o final do século 20 e o início do 21, foram publicados diversos livros de "auto-ajuda", que alcançaram notável difusão em vários países e idiomas: *O casamento feliz* (2002), que reunia a temática de um curso sobre o matrimônio ministrado pelo autor em diversos países; *A arte de ser feliz* (Libros Libres, 2003), com a temática condensada de *Sofrimento e paz* (1996), trazendo temas de um curso de espiritualidade dado em Madri; e *Deus adentro* (Libros Libres, 2004), que apresenta o conteúdo das gravações denominadas Vida com Deus. Sua mais recente obra é *As forças da decadência* (1994), editada em diversos países. Também foram produzidos alguns documentários, como a filmagem de um Encontro de Experiência de Deus, uma produção italiana falada em espanhol (4 v.), e em especial a gravação completa de um Encontro de Experiência de Deus em Monterrey (México).

Em meados da década de 1990, Larrañaga iniciou uma intensa campanha de evangelização maciça: Jornadas de Evangelização, na América Central e países bolivarianos, com a presença de milhares de pessoas em jornadas de um dia completo (1995), que precisou interromper, alquebrado por diversos mal-estares: dificuldade para respirar, febre e dores no peito. Após um tempo em que não houve uma melhora satisfatória, foi internado outra vez para se submeter a rigorosos exames, agora com meios mais sofisticados, mas que também não chegaram a um diagnóstico preciso. O doente sentia-se cada vez pior, muito decaído, a ponto de pensar que seu fim estava próximo. Falou-se em pneumonia e depois também em tromboflebite, como a causa das fortes dores na perna direita. Na Semana Santa, foi internado pela terceira vez, permanecendo no hospital até a quarta-feira de Páscoa, quando lhe deram alta.

Em maio desse mesmo ano, ministrava novamente as Jornadas de Evangelização em diversas cidades da Argentina, do Brasil, de Portugal, da França, da Itália e da Espanha, com milhares de participantes em estádios e teatros. Em 1997, no México, viajou a diversas cidades, com uma assistência estimada em mais de cem mil pessoas, entre elas 15 mil casais. Dois anos depois, continuaria seu apostolado de evangelização maciça na Guatemala, em Honduras, na Nicarágua, em El Salvador, na Costa Rica, no Panamá, na República Dominicana, em Cuba e nos Estados Unidos. Em 2001 e 2002, voltaria a dirigir Encontros de Experiência de Deus, restrito aos guias das OOV no Brasil, na Argentina, na Espanha, em Portugal, na Itália, na Eslovênia, no México e nos Estados Unidos. Na época, as OOV estavam espalhadas por 40 países, e os guias eram mais de 13 mil, agora mais bem capacitados para dirigir as Oficinas depois das Semanas de consolidação e com uma estrutura organizacional mais eficaz.

Na comunidade de El Barnechea, em seus momentos livres, Inácio Larrañaga se dedicava a escrever livros ou redigir subsídios para as Oficinas e a descansar (um modo de dizer). Nesse tempo, envolvido em uma atividade exaustiva, cogitou em se retirar completamente à solidão e "para sempre", tanto que, antes do fim do século 20, tinha tomado as devidas providências para esse objetivo. Nesse sentido, contava com um lugar adequado, uma comunidade de eremitas em uma região da Europa, com quem havia convivido em diversas ocasiões por longas temporadas. Também tinha a autorização de seus superiores chilenos. No entanto, por razões alheias a sua vontade, esse sonho (tão longamente acariciado) não se concretizaria.

* * *

Em setembro de 2004, Inácio Larrañaga tinha programado 19 Encontros de Experiência de Deus, dos quais 12 realizaram-se na América Latina e na Europa. Embora sua saúde estivesse um tanto frágil quando foi à Europa, no auge do verão, os Encontros, tão concorridos como sempre, deixaram-no muito animado, até mais do que nunca, talvez estimulado pela resposta unânime e o invariável impacto de sua mensagem entre os participantes.

Aqui, não é exagerado afirmar que, nos últimos decênios, nenhuma outra forma de transmissão similar na Igreja alcançou a repercussão ou ressonância comparável à desses Encontros, cuja organização e conteúdos peculiares – frutos também de uma particular experiência de Deus – são bastante diferentes da maior parte dos retiros similares, levando-se em conta também a participação maciça e invariável.

O zelo apostólico de Larrañaga e sua necessidade quase compulsiva de comunicar aos outros as características e os resultados do caminho espiritual e da busca de Deus, que cresceram ao longo dos anos, estavam sendo consolidados e até se desenvolvendo. Isso explica por que o sonho de se retirar à solidão (que ele nunca abandonou) se diluiu gradativamente.

Agora, na plenitude da idade, ele está nas mãos de Deus, como sempre, deixando-se levar com absoluta docilidade pela obediência ao Espírito, sempre desconcertante, porém muito mais na medida da própria docilidade aos desígnios de Deus, que, freqüentemente, costumam ir além das projeções pessoais, por mais razoáveis que pareçam.

Ao longo de três decênios, dezenas de milhares de pessoas participaram desses Encontros; e muitas delas, especialmente mulheres, ficaram marcadas para sempre pela mensagem de Larrañaga. Quanto a isso, existe uma extensa documentação nos arquivos da Coordenação das Oficinas de Oração e Vida e na sede em que foram fundadas em Lo Barnechea (Chile).

Capítulo 2

ENCONTROS DE EXPERIÊNCIA DE DEUS (EED)

Em novembro de 1974, Inácio Larrañaga foi convidado pelos membros da Conferência dos Religiosos do Brasil (CRB) de São Paulo para ministrar uma convenção às superioras do setor. Essa ocasião lhes impressionou tão profundamente, que ele foi convidado a dirigir um retiro de três dias para essas religiosas, que teve lugar no Cenáculo dessa cidade, sob o tema Oração e contemplação. Então surgiu o primeiro Encontro de Experiência de Deus (EED) propriamente dito, realizado no Seminário Capuchinho de Nova Veneza, perto de Campinas (SP), para religiosas e religiosos de diversas congregações. Eles mesmos sugeriram que, daquele momento em diante, esses retiros se chamassem Encontros de Experiência de Deus.

Assim, teve início uma propaganda boca a boca, em que alguns diziam: "Um profeta apareceu em nossa terra". A partir daí, houve uma seqüência de Encontros, nos quais foram escolhidos seu diretor e as equipes, surgidas no centro e no sul do Brasil, diante de sérias interrogações para organizá-los como uma tarefa intensa (vale citar que os Encontros eram realizados semanalmente; de novembro de 1974 a outubro de 1975, foram 45, sendo 40 no Brasil e cinco na Bolívia).

Em conseqüência, o número de assistentes, sacerdotes, religiosos e leigos também aumentava: nos primeiros Encontros, participaram entre 50 e 70 pessoas, as quais aumentaram para 100, 200 e até 400. Nessas ocasiões, as casas de retiro não conseguiam suportar o grande número de participantes; por isso, foi preciso alugar colégios, antigos seminários, como o de Agudos, dos franciscanos e o de Veranópolis, dos capuchinhos e internatos. Mesmo assim, era necessário instalar colchões e camas nas classes, salas de reuniões e corredores. No entanto, surgiam muitos problemas, como, por exemplo: o grande número de inscrições superava com freqüência a capacidade disponível; a precariedade dos alojamentos (por esse motivo, muitos levavam seus colchonetes e roupa de cama), entre outros.

Larrañaga sentiu-se acabrunhado com a necessidade de corresponder às expectativas dessa avalanche humana que lhe buscava todas as semanas. Mas, na realidade, não estava assustado. O Pai, que o havia lançado nessa aventura, o ajudaria a enfrentá-la (já estava ajudando) e lhe daria toda a energia de que são capazes os tímidos quando se deparam com os mais sérios desafios.

Além disso, possuía a firme convicção de não ser mais que um instrumento nas mãos de Deus. Essa teoria foi se firmando cada vez mais à medida que os resultados superavam as expectativas, tanto no que se referia à quantidade de participantes como pelo impacto que produziam esses EED, os quais, se não eram semelhantes aos demais retiros tradicionais nem aos modernos, também não apresentavam grandes novidades, exceto uma: o tema predominante era vida com Deus; e o objetivo também era só um: buscar o rosto dele.

Inácio Larrañaga conhecia se muito bem, e conhecer-se é saber-se limitado. Nesse caso, estava ciente das próprias limitações: o retraimento e a timidez, e, em contrapartida, o autoritarismo, a inflexibilidade e a impaciência. Por outro lado, e quase desde o início, começou-se a questionar sobre a falta de solidez de sua doutrina e seu verticalismo ou transcendentalismo, como se dizia, além de ser um implacável estigmatizante do secularismo e do horizontalismo próprios da época pós-conciliar.

No primeiro caso, havia algo de verdade nas críticas, apesar de ele não se propor a transmitir uma doutrina, e sim uma vida.

Quanto ao segundo, sabia que devia moderar suas censuras e se dispôs mais de uma vez a fazê-lo, mas, no momento indicado, voltava a retroceder. Era algo superior a suas forças.

Muitas vezes tinha a sensação de haver sido suplantado, de falar em nome de outro ou de que outro falava por meio dele. Tudo que sabia e anunciava tinha ouvido, experimentado e vivido. Não falava sobre Deus, mas de Deus, ou melhor, a partir de Deus, sua necessidade, sua inevitabilidade, sua distância e proximidade simultâneas. Citava a ternura do Pai; o fascínio por Jesus Cristo; a maternidade espiritual de Maria, a pobre de Deus; o abandono nas mãos do Pai como único caminho para uma verdadeira libertação interior.

Desde o início, esse foi o conteúdo essencial de sua mensagem, e continuaria a ser depois, até nos dias atuais. Mas, com o tempo, ele acrescentou outros conteúdos e matizes sugeridos pela própria experiência ou por seu maior conhecimento dos homens e das variadas circunstâncias dos tempos. E a dureza de sua linguagem acabaria por diluir-se no ritmo de seu crescimento na experiência de um Deus compassivo e misericordioso, que é amor por definição.

Dinâmica dos EED

Inicialmente, Larrañaga insistia na necessidade de se conseguir um clima de encontro e de não se ter nenhuma preocupação, a não ser buscar o rosto de Deus vivo e verdadeiro. Em geral, essa atmosfera era possível, e de maneira quase automática, a partir do segundo dia de atividades do Encontro. Tinha algo de mágico na regularidade e na coincidência dos resultados nas reuniões, realizadas semanalmente.

Nessas ocasiões, não se falava expressamente de oração ou sobre oração. Orava-se longa e silenciosamente, durante horas: períodos regulares diários e tempos fortes de oração pessoal, solidão e silêncio, deserto. Por sua vez, a oração comunitária nunca assumiu um lugar significativo nos Encontros, com exceção dos atos litúrgicos e da vigília da última noite.

Tratava-se de "experimentar" Deus, comprová-lo, deixando-se envolver por sua presença. Também significava passar de uma experiência religiosa apoiada em observâncias, práticas espirituais, ritos e devoções, a uma experiência de Deus a partir da radicalidade da fé, superando as fixações do passado, os formalismos esterilizadores, as ressonâncias afetivas e emotivas, as projeções narcisistas. Um Deus que não se identifica com nossos questionamentos sobre ele, nem com suas mediações, nem com nossos sentimentos, mas que simplesmente está aí, tanto no mais interior como no mais exterior de nós mesmos, à espera de ser reconhecido, incentivando-nos a despertar e sair a seu encontro, ou melhor, a que nos deixemos encontrar por ele. "Tu te mostras primeiro, e sais ao encontro dos que o desejam" (são João da Cruz).

Poderíamos dizer que, desde o início, a filosofia dos EED consistia em não ter dinâmica, nem planificação, nem metodologia.

Entretanto, era o tempo das dinâmicas de grupos, das pesquisas de opinião e dos questionários, das sondagens, das técnicas e práticas psicológicas, dos organogramas, que em determinado momento da etapa pós-conciliar pareciam ocupar tudo. Sem dúvida, tratava-se de um progresso dos esforços feitos a partir do Concílio para descobrir a comunidade, o grupo, o lugar privilegiado para o encontro, a co-responsabilidade ao se tomar decisões e a projeção para o futuro. Se, por um momento, deu-se um visível deslocamento do teologal para o psicológico, essas novas técnicas de comunicação e transmissão não demorariam a encontrar seu verdadeiro lugar: servir de veículo para a liberdade do Espírito e oferecer maior solidez às novas formas de consciência que surgiam no interior da vida religiosa e clerical.

Algumas vezes, as tendências psicológicas resultaram em um esvaziamento da fé, condicionando o chamado de Deus a sessões com psicólogos ou a certas práticas terapêuticas. Além disso, em determinados casos, ocasionou numerosas deserções na vida religiosa de comunidades inteiras. Essas e outras "prostituições" provocavam arrebatamentos de "santa ira" no diretor dos EED, contra as quais reagia de maneira instintiva, ainda que com um amplo conhecimento de causa, lançando seus dardos flamejantes contra essas tendências "psicologizantes" e, principalmente, contra o recurso da consulta psicológica, comum nesse tempo no Brasil, especialmente entre as religiosas. Fazia-o com o habitual tom profético de denúncia e sem muitas distinções (os profetas não têm por que serem peritos em psicologia e pedagogia), embora reconhecesse a existência de situações patológicas que requeriam um tratamento clínico. Proclamava enfaticamente que a aceitação e o acolhimento profundo de Deus-Pai e de Jesus Cristo seriam capazes de cortar pela raiz perturbações e desequilíbrios emocionais não-patológicos.

A dinâmica dos EED era constituída fundamentalmente pela exigência proposta aos participantes, desde seu ingresso, de entrar em uma órbita de fé, com uma atitude de disponibilidade e receptividade totais. Isso daria o tom ao Encontro, e não havia nenhuma técnica nem receita que pudessem substituir essa atitude interior. Os que, a princípio, resistiam acabavam participando dos encontros posteriormente (o que não era freqüente); e isso não se

ENCONTROS DE EXPERIÊNCIA DE DEUS (EED)

tratava necessariamente de "resistência à graça", mas sem dúvida de condicionamentos ideológicos ou temperamentais.

Com base no salmo 62(61), os participantes eram introduzidos em um clima de fé e de total abertura para o Espírito, com o propósito de provocar neles a fome e a sede, a vontade de Deus, despertando esse enorme potencial dinamizador latente em todo homem, e com maior razão no religioso. A isso, E. Bloch chama de "princípio de esperança", suscitando uma tensa, mas terna, atmosfera de expectativa, que, na maior parte dos participantes do Encontro, seria finalmente preenchida pela Presença, com uma imediata e transformante sensação de plenitude em alguns casos.

Até então, os EED não tinham nenhuma dinâmica especial, a não ser a de Deus. Alguns diziam: "Não há nenhuma novidade, mas é tudo diferente". O diretor evitava expressamente programações e cronogramas (calendários de trabalho). Ninguém sabia o que ia fazer no dia seguinte e, às vezes, nem ele mesmo. Embora estivessem determinadas as linhas gerais, a estrutura dos EED era mais flexível, podendo variar de um dia para outro.

Em mais de uma ocasião, após considerar a dispersão da maior parte dos participantes, o diretor abandonava a programação prevista e lhes impunha um duro programa de penitência (tempos fortes de oração e vigília). Ao contrário, quando o grupo estava totalmente entregue e tinha saboreado o gosto de Deus, retirava-se discretamente, e os deixava a sós com ele.

O fato de o diretor dos Encontros não dialogar com os participantes, nem consultá-los quando introduzia algumas modificações importantes, especialmente no começo, incomodava alguns deles, que o chamavam de autoritário ou impositivo. Tanto mais que, nessa época, estavam em moda os retiros abertos ou dialogados, com base nas tendências não-diretivas da pedagogia vigente.

De alguma forma, os EED nadavam contra a corrente, e, em alguns aspectos, de modo contundente. Quando lhe questionavam sua atitude, Larrañaga respondia que agia daquele modo por atenção aos participantes, porque considerava uma falta de respeito para com eles encerrá-los em rígidos programas e horários, ainda que democraticamente elaborados.

Sem dúvida, ele não deixava de ter razão, porque não se tratava de uma semana de convivência e confraternização, ou de estudo, mas de introduzir os participantes na experiência de Deus, cujos caminhos não são os nossos, uma vez que ele age freqüentemente para além das previsões e planificações humanas, necessárias como mediações e instrumentos para a revisão (ou análise e planificação), que também podem se tornar um absoluto, afogando o Espírito.

Fora isso, o diretor era quase sempre inacessível, talvez por discrição ou por questão de temperamento. Em sua sala, atendia os que tinham verdadeira necessidade de uma entrevista pessoal; no entanto, isso lhe ocupava todo o tempo livre. Ao final dos encontros, ele desaparecia do local sem que ninguém percebesse (como continua a fazer até hoje).

Esse ar de mistério que envolvia a figura do pregador, assim como seu tipo profético e o impacto que sua presença e mensagem produziam nos assistentes, contribuíram para que, com o passar dos anos, fosse criada em torno dele uma espécie de lenda ou mito, com manifestações às vezes incomuns. Não seria oportuno insistir nisso, mas é evidente que, com freqüência, quem recebeu a graça de se aproximar do coração humano com a palavra viva, o Verbo palpitante que antes se fez carne na própria existência, é capaz de converter pedras em pão e multiplicar o dom de Deus de maneira prodigiosa.

Continuidade do espírito dos EED

Ao longo de três décadas, é impossível acompanhar passo a passo o desenvolvimento dos EED. Os primeiros encontros realizados no Brasil entre 1974 e 1975 deram a tônica aos demais, e as modificações introduzidas posteriormente não foram substanciais. O objetivo fundamental, que era inserir os participantes em uma autêntica experiência de Deus, foi se perfilando cada vez mais como prioritário e insubstituível. A dinâmica peculiar dos encontros também se foi afinando; além disso, a oração pessoal (a partir principalmente da Palavra de Deus), as técnicas de autocontrole e a prática de diversas modalidades de oração, assim como os "tempos fortes" e o "dia de deserto", conferiram aos EED uma estrutura pedagógica coerente e eficaz.

As sucessivas expectativas surgidas em numerosas congregações religiosas e em outros setores do povo de Deus (bem depressa, a participação dos leigos foi superando amplamente a dos religiosos) em torno do "mito" Inácio Larrañaga, bem como o impacto provocado entre as pessoas, as conversões, os milagres da graça não se podem quantificar nem reduzir a estatísticas.

Basta dizer, sem medo de exagero, que, ao longo de trinta anos, milhares de pessoas se reencontraram com elas mesmas e com Deus; além disso, centenas de religiosos que estavam à beira de uma crise (cuja maioria estava a ponto de abandonar seus compromissos religiosos) se reafirmaram em sua vocação depois de ter participado dos EED.

Aqui, poderíamos questionar se o que marca uma pessoa por muito tempo (até mesmo para sempre) pode ser um impacto passageiro ou, antes, uma determinada experiência.

É possível afirmarmos que, ainda que toda experiência humana esteja submetida às leis do desgaste e da precariedade, o impacto e os frutos dos EED são duradouros em uma proporção significativamente elevada. E isso não se trata (como ocorre em certos movimentos religiosos atuais) do que se chamou de síndrome da mudança repentina, mas sim de uma iluminação interior (em alguns casos, de uma especial visita de Deus com as características de uma graça infusa), um profundo despertar da consciência e uma graça peculiar de conversão. É bom ressaltar que, para ser eficaz, é preciso que toda dádiva divina seja continuamente renovada e atualizada por meio de um exigente esforço de fidelidade ao dom de Deus e de domínio dos impulsos desintegradores e das tendências excêntricas.

Para perseverar nessa graça de conversão, o diretor dos EED defende a fidelidade a determinado ritmo de oração pessoal, fortemente marcada por ele – que não pode ser suprida pelas estruturas de oração comunitária e litúrgica – e pelos "tempos fortes" de oração e escuta da Palavra de Deus, que tem um lugar preponderante nos encontros. Especialmente, o "dia do deserto" confronta de modo profundo os participantes com eles mesmos e com Deus ao longo de dez horas de solidão e silêncio, nas encostas e no bosque. A insistência nos "tempos fortes", períodos maiores reservados periodicamente à oração solitária e à contemplação, e nos "dias de deserto" encontram justificativa nas atitudes de Jesus

Cristo e na tradição espiritual da Igreja, e também integram a própria experiência do diretor dos Encontros.

Mas o cristão, em especial o sacerdote e o religioso, é acima de tudo um solitário. Nos dias atuais, essa estratégia de fechar-se e abrir-se (característica dos grandes contemplativos) é mais necessária que nunca, em razão do tipo dispersivo e desintegrador da cultura e do estilo de vida humanos. À medida que alguém se orienta para Deus na radicalidade da fé, não pode deixar de se abrir também em uma perspectiva de comunhão e solidariedade com o próximo; e, em todos os tempos, os que viram e experimentaram são chamados a ser testemunhas da transcendência e construtores privilegiados do Reino de Deus.

A inquietude surgida desde o começo, tanto no diretor dos EED como em seus seguidores, foi a garantia da continuidade do espírito dos encontros. A partir daí, os participantes aplicaram à própria vida as experiências vividas e, conseqüentemente, articularam essa experiência de Deus na Igreja e no mundo dos homens com um comprometimento.

Pouco tempo depois, começou a surgir entre os encontristas de diversos países a necessidade de um grupo de referência e apoio. Tratava-se quase exclusivamente de leigos sem vinculação direta com comunidades eclesiais de base ou outras instituições da Igreja. Rapidamente, esses grupos, qualificados posteriormente por Larrañaga de "grupos fraternos para o crescimento em Deus", se tornaram numerosos em países da América Latina e Europa (Espanha e Portugal). As associações surgiram espontaneamente, sem nenhum vínculo em comum, a não ser no âmbito de uma mesma povoação, com a característica de crescer na vida de oração e na vida com Deus, vivendo uma existência contemplativa.

Com o tempo, esses agrupamentos se consolidaram de modo mais organizado, como os que depois se denominariam Grupos Comunhão e Serviço. Compostos por um número reduzido de leigos (de oito a dez integrantes), que mantinham um estreito vínculo, tinham objetivos precisos, entre os quais reunir-se semanalmente para orar e estar juntos, cultivar a amizade e ajuda mútuas e um serviço fraterno em meios aos pobres. Esses grupos, que se estenderam muito em alguns países, especialmente no Brasil, têm um estatuto próprio.

Em 1984, após dez anos dos EED, foram criadas no Chile as Oficinas de Oração e Vida (a que vamos nos referir no capítulo 12). Trata-se de caminhos abertos que, mais uma vez, surgiram espontaneamente e estão suscitando o interesse de diversas pessoas que pareciam estar à espera de ser convocadas.

Pode ser que essa "fome" de Deus e esse renovado interesse pela vida contemplativa (que parece ser comum entre grande parte dos cristãos) sejam sinais dos novos tempos. Se for encontrado o equilíbrio entre oração e vida, adoração e serviço, isso será possível.

Experiência de Deus

A seguir, estão relacionados os princípios básicos dos EED:

a) Busca de Deus na radicalidade da fé. Maria, modelo de fé.

a) Pelo abandono à paz. Caminhos para uma libertação interior. Jesus, o Servo.

c) Para o Encontro com Deus: escuta da Palavra, orar em espírito e em verdade. Jesus Cristo, a revelação do amor do Pai.

d) Estar com Deus. Oração e contemplação. Tempos fortes de oração e "deserto". A oração de Jesus.

e) Vida apostólica. Oração e vida. Jesus, um homem para os outros. A opção pelos pobres.

Nas páginas seguintes (assim como nos capítulos 4 a 11, em que nos referimos aos livros de Larrañaga), o leitor vai encontrar, se não uma síntese desses conteúdos, pelo menos os elementos essenciais da doutrina ou do religioso, que é mais vital que doutrinal, e, por isso, dificilmente redutível a uma síntese conceitual.

Os temas doutrinais, cuja apresentação por parte do diretor dos encontros possui um forte tom testemunhal e profético, estão adequadamente articulados com os tempos fortes de oração e a prática de diversos exercícios de autocontrole e várias modalidades oracionais, assim como de uma ampla e muito pessoal exegese espiritual da Palavra de Deus, especialmente dos Profetas, dos Salmos e do Novo Testamento.

Tudo é encaminhado para introduzir os participantes em uma intensa experiência de Deus. Esse é o objetivo de todo retiro espiritual, mas talvez não seja muito arriscado afirmar que nenhum outro se propõe a fazer isso de maneira tão explícita e orgânica, e, possivelmente, com resultados mais eficazes.

Experimentar, comprovar, tornar realidade na própria vida a fé crida e proclamada constituem a idéia principal dos EED, comunicando-lhes essa atmosfera peculiar. Em certo sentido, a experiência é um conceito recuperado pela espiritualidade cristã, a partir (principalmente) do Concílio Vaticano II (1962-1965); no entanto, isso não é fácil de ser definido, porque pertence mais ao campo do intuitivo que ao dedutivo-reflexivo.

Em sentido geral, a experiência integra o desenvolvimento da atividade humana em exercício; porém, no âmbito filosófico, trata-se de uma forma direta e imediata de percepção da realidade, que, por sua vez, integra o processo cognoscitivo. No aspecto religioso, distingue-se do conhecimento especulativo e abstrato, o qual, entretanto, completa e enriquece. Como afirma são Boaventura: "O conhecimento experimental da suavidade divina amplia o conhecimento especulativo da verdade divina".

É preciso considerar esses detalhes para não tornar absoluta a experiência direta de Deus, tão fortemente marcada por alguns movimentos e grupos de reforma, e não cair em uma religiosidade intimista e em uma referência explícita à experiência radical do Deus de Jesus Cristo.

Entretanto, a acentuação atual de uma experiência religiosa pessoal e tangível encontraria justificativa na preponderância da razão como fonte de conhecimento no ensino e na doutrina da Igreja, no formalismo e ritualismo da religiosidade tradicional católica (não precisamente na dos grandes místicos e buscadores de Deus) e nas melhores expressões da religiosidade popular.

A desconfiança do diretor dos EED, às vezes não suficientemente explicada, quanto à linguagem e ao discurso teológico — que partilhava com um de seus autores preferidos, Sören Kierkegaard —, ou quanto a uma racionalização da fé em prejuízo do conhecimento intuitivo e da experiência pessoal, estava justificada pela falta de equilíbrio visível em determinadas expressões da espiritualidade católica. A partir do momento em que surgiu, essa visão passou a ser chamada de profética.

Toda autêntica experiência de Deus remete necessariamente à totalidade da pessoa, inteligência e vontade, imaginação e intuição, e sua circunstância ou ambiente vital. Por ser um conhecimento originado do interior, não é subjetivo, e tende para uma realidade exterior ao próprio sujeito.

Após considerar o dom de Deus, seu movente é o desejo; de acordo com os mais firmes postulados da psicologia profunda, é a alavanca da atividade humana e do intento de progresso e de superação pessoal e coletiva.

Por isso (e em parte porque Larrañaga sempre foi um assíduo leitor dos grandes mestres da psicanálise), o objetivo dos EED é, desde o início, despertar (palavra que retorna constantemente em seus escritos e em sua pregação) o potencial ou a força avassaladora do anelo latente no espírito humano, freqüentemente obscurecidos e até atrofiados pela rotina, o formalismo e o ativismo. Essa "fome" de Deus está expressa de maneira insuperável no salmo 63(62), com cuja meditação se iniciam os Encontros, e surge a partir de sua ausência (a "terra deserta, seca, sem água"), experiência singular de desolação, especialmente entre homens e mulheres consagrados.

O diretor dos EED exemplifica essa situação como uma enfermidade do espírito, a atrofia espiritual: a dos atrofiados satisfeitos, que encontram caminhos de autojustificação e de compensação, porque o desejo tem como ponto de partida a insatisfação pessoal; e a dos atrofiados insatisfeitos, que, a partir da consciência da própria indigência, se sentem bem dispostos a aceitar o risco e o desafio da fé e a se pôr a caminho na busca do Deus vivo e verdadeiro.

Nas últimas décadas, o tema da ausência de Deus esteve muito presente na literatura, especialmente após a Segunda Guerra Mundial (1939-1945). Entre alguns novelistas católicos, como Georges Bernanos, Graham Greene, Julian Green e outros, o tratamento dessa problemática substituía uma espécie de tese: Deus descoberto a partir da experiência de sua ausência.

O fenômeno parece se estender cada vez mais, a ponto de caracterizar nosso tempo e nossa cultura. Talvez estejamos atravessando uma verdadeira noite escura, em que Deus esconde seu rosto, como nos tempos bíblicos, em uma espécie de atitude provocadora.

De fato, o agudo conhecimento de sua ausência incentivou muitas pessoas, entre as quais sacerdotes e religiosos, a ter uma consciência mais clara de sua necessidade e inevitabilidade e a uma nova busca de sentido para a própria vida.

Essa saudade, ou lembrança de Deus, nasce nas mais profundas raízes da existência e da condição humana, em que a pessoa se enraíza no divino, porque ele fez o homem à "sua imagem e semelhança" (Gn 1,26ss). Por essa razão, podemos dizer que, muitas vezes, a experiência de Deus surge de sua ausência.

Na consciência do homem insatisfeito consigo mesmo, soa com força o chamado de Deus para sua integração, sua identificação como pessoa. É essa "tristeza que vem de Deus", como diz são Paulo, e que "leva à salvação" (2Cor 7,10a).

No contexto dessa situação (crise de transcendência, secularismo), Inácio Larrañaga foi um "despertador" de consciências.

Despertar essa vontade de integração e o desejo de enfrentar as diversas ameaças encontradas pelo homem no mundo exterior (de que o religioso estava e está hoje menos livre que nunca), assim como também do seu interior (as forças obscuras que mergulham suas raízes no inconsciente), é um ponto de partida indispensável para uma autêntica experiência de Deus, e também um dos conteúdos essenciais dos EED, o que Larrañaga chama de "salvar a si mesmo", de acordo com a temática desenvolvida no livro *Sofrimento e paz*.

Para o diretor dos EED, o principal inimigo de uma experiência libertadora de Deus é o medo, palavra-chave na espiritualidade bíblica e evangélica – como também nos processos de desenvolvimento psíquico do homem. Esse sentimento sugere o elemento de risco implicado pelo chamado de Deus que, paradoxalmente, se autodefine como risco, segurança e lugar de refúgio. No Antigo Testamento, essa situação é simbolizada pela água e pelo fogo, elementos ambivalentes por excelência: "Se tiveres de atravessar pela água, contigo estarei e a inundação não te vai submergir! Se tiveres de andar sobre o fogo, não te vais queimar, as chamas não te atingirão!" (Is 43,2). Nesse caso, todos são convidados a se expor a ponto de arriscar a própria existência, aceitando a aposta da fé, saindo da segurança do colo materno (o ambiente aconchegante dos costumes e dos hábitos adquiridos) para a chuva, pondo-se a caminho rumo ao desconhecido, ao horizonte infinito, do mesmo modo que Abraão, que "partiu, sem saber para onde ia" (Hb 11,8b).

Isso sugere também o termo experimentar (*experiri*): explorar na caminhada, mantendo uma tensão dinâmica entre a realidade presente e a utopia; mas também sem possuir ilusões sobre si mesmo, relativizando os resultados e os fracassos, com um pouco de bom humor, demasiado ausente entre os religiosos. Muitas vezes, esse é o reflexo de nossa insuficiência diante do mistério de Deus.

O diretor dos EED surpreende os ouvintes dizendo: "Não há nada mais pernicioso para a vida espiritual que lutar para ser santo"; ao mesmo tempo, ele os previne contra a ilusão dos resultados imediatos, e até dos bons resultados. Porque a experiência de Deus se desenvolve na existência concreta e relativa, no cotidiano imediato, como uma práxis reiterada de reconhecimento e aceitação do dom de Deus que está submetida, como toda experiência humana de descoberta, às leis do precário e do efêmero; e porque Deus, o Deus experimentado, também é provisório. De acordo com as palavras de são João da Cruz: "O que entendemos de Deus dista infinitamente do próprio Deus".

Aceitar a si mesmo na verdade e na liberdade, reconciliar-se com seu interior, é o ponto de partida indispensável para uma experiência libertadora de Deus, mas também para o reconhecimento dos demais. Além disso, é uma experiência de fé que se transforma em uma experiência de amor, de encontro e comunhão com o outro e com os outros relativos, que remete à própria gratuidade de Deus: "Se Deus nos amou assim, nós também devemos amar-nos uns aos outros" (1Jo 4,11). O amor ao próximo, e especialmente ao mais necessitado, transforma-se na mediação privilegiada para o encontro com Deus, "pois quem ama o próximo cumpre plenamente a Lei" (Rm 13,8b).

É a própria experiência de Deus percebida por Jesus Cristo, tão imerso e próximo do ser humano que até sua experiência divina está sujeita às leis de crescimento humano e suas mais dramáticas alternativas. O Senhor autocomunicado, próximo do homem a partir de sua distância, de sua essencial solidão, "por livre graça da livre comunicação de si mesmo, quis vir a ser o centro mais íntimo de nossa existência".[1]

Assim, nossa sede de ver Deus, conhecê-lo e experimentá-lo encontra caminho, verdade e vida em Jesus Cristo, que encarna e concretiza o mistério do Deus distante e altíssimo. Aquele que nós buscávamos tateando e "contemplávamos espiritualmente crendo que ele era Deus, nós o vemos agora em carne e sangue, vivo e verdadeiro".[2]

Desde o primeiro dia dos EED, Jesus Cristo está presente, trazido pela mão de Maria, proposta como modelo de fé e de acolhimento da Palavra de Deus. Os conteúdos doutrinais dos Encontros têm sempre um lugar de referência nas atitudes e no espírito de Jesus Cristo (como se pode ver no início deste tópico).

No Antigo Testamento, o homem religioso via-se constantemente obrigado a revisar e atualizar suas relações com Deus a partir de sua palavra e de sua vontade manifestada por meio dos profetas, para que sua religiosidade não fosse reduzida a um culto e a um legalismo estéreis e alienados da realidade e da história, nem caísse na tentação da idolatria.

O centro da relação humana com Deus, de nossa experiência divina, é justamente a sua palavra encarnada em uma pessoa, Jesus Cristo. Ele é nosso arquétipo, nosso modelo único e absoluto, pois questiona tanto nossa incredulidade quanto à falsa religiosidade e despe as mais ocultas motivações de nossos atos e atitudes pretensamente cristãos.

---

[1] RAHNER, Karl. *Curso fundamental da fé*. São Paulo, Paulinas, 1987.
[2] SÃO FRANCISCO DE ASSIS, Adm. 1.

Sua vida está centrada em Deus, e afirma que seu único alimento é fazer a vontade dele; como é um homem de profunda oração, retira-se sempre à solidão para se encontrar com o Pai. Mas, ao mesmo tempo, é, por excelência, o "homem-para-os-outros", profundamente solidário com os homens, especialmente com os pobres e pequenos, a ponto de transmitir a impressão de que só se sente à vontade no meio deles. Ao inclinar-se sobre a dor humana com entranhas de misericórdia, afirma que foi enviado para revelar o caminho da cruz e dar a própria vida para resgatar muitas pessoas e salvar o que estava perdido.

Ele é a transparência absoluta de Deus e de seu mistério, diafania do Pai: "Quem me viu, tem visto o Pai" (Jo 14,9b). A partir da fundamental e fundante experiência filial de Jesus, a revelação do Pai torna-se, para nós, o objeto final de toda experiência possível de Deus. Ele nos revela seu nome, manifestando seu mais íntimo mistério. Nesse conhecimento, o espírito do homem se aquieta e se acalma como a torrente que desce das alturas para se confundir com a imperturbável serenidade de um espelho de água entre as montanhas.

"Conhecer (experimentar) Deus como Pai, abandonar-se nele como em um colo materno recuperado em liberdade é a culminação de todo o esforço ascético para alcançar uma experiência libertadora de Deus." Esse é o núcleo dos Encontros e da pedagogia de Deus, de acordo com Larrañaga. Além disso, foi o objetivo da ação pedagógica de Jesus com seus discípulos, e seu último e mais íntimo desejo, deixado em testamento a seus seguidores como marca de sua vida e missão: "Pai [...], que conheçam a ti, o Deus único e verdadeiro, e Jesus Cristo, aquele que enviaste" (Jo 17,3).

"Vida com Deus"

Na estrutura tradicional da vida religiosa anterior ao Concílio Vaticano II, a experiência divina, a "vida com Deus", se dava a partir de normas de comportamento que integravam um universo sacralizado, fundamentado em observâncias, exercícios e práticas de piedade, cuja eficácia para provocar e expressar uma verdadeira experiência religiosa parecia insubstituível. De fato, muitos sacerdotes e religiosos encontraram nessa sabedoria secular codificada o caminho de fidelidade a seus compromissos e de santidade.

Com o tempo, entretanto, o sistema sacral tradicional se transformara em uma deformação de experiências seculares originais, que não correspondiam às necessidades e tendências das novas gerações; em resumo, era uma experiência fundante de Deus na liberdade do Espírito, sem condicionamentos ambientais nem pressões autoritárias, de encontro e comunhão com os outros, além das exigências da vida em comunidade e abertura para o mundo dos homens – o novo sujeito social emergente. Como enfatizaria o Concílio, "o mundo em que vivemos, suas esperanças, suas aspirações e o modo dramático que com freqüência o caracteriza" (cf. GS, 4).

No entanto, nos anos posteriores ao Concílio, essa mudança de perspectiva de uma experiência religiosa própria de um contexto sacral para uma experiência de Deus na liberdade do Espírito deflagrou uma crise de transcendência e também de identidade, cujas conseqüências são bem conhecidas.

No fundo, tratava-se principalmente de uma crise de fé, não só de determinada compreensão de Deus e da vida religiosa ligada ao universo religioso tradicional.

Em contrapartida, começou-se a valorizar cada vez mais a Palavra de Deus, relegada a um plano demasiado formal e instrumental na religiosidade tradicional, a gratuidade do amor do Pai, a mediação de Jesus Cristo e a abertura para o próximo como lugares privilegiados do encontro com Deus.

Nesse período, muitos sacerdotes e religiosos conheceram a amargura da desolação e a triste sensação de desnorteamento ao comprovar que as experiências religiosas tradicionais em que haviam apoiado sua vida espiritual não eram suficientes para sustentar uma autêntica experiência de Deus nem uma fé personalizada e adulta; além disso, não sabiam muito bem como substituí-las.

Então, muitos se viram obrigados a rever os compromissos sacerdotais e religiosos, enfrentando decisões difíceis e, às vezes, precipitadas; enquanto outros cederam à tentação, sempre latente no coração humano, de "fugir de Deus", nas diversas maneiras com que é possível fazê-lo sem comprometer demasiadamente a própria segurança, entre as quais uma prática religiosa rotineira e conformista ou um ativismo apostólico.

Nesse contexto, surgiram diversos movimentos de renovação e revigoramento, carismáticos, pentecostais e outros de cunho abertamente fundamentalista, ao mesmo tempo em que as tendências integristas chegavam a um novo auge.

Além disso, foram fundados os EED de Larrañaga, que, especialmente no início, enfatizavam a dimensão transcendente da existência cristã e religiosa. Tendo como ponto de partida uma cosmovisão nitidamente conciliar e abertamente desmistificadora de uma experiência religiosa ou de uma espiritualidade demasiado formal e ritualista, esses encontros propiciavam uma experiência de Deus cujo fundamento é a fé, alimentada na constante escuta e meditação da Palavra de Deus e na fidelidade a alguns ritmos fortes de oração pessoal. Enfim, uma vida com Deus como experiência do sentido radical da existência cristã e religiosa.

Na realidade, tratava-se basicamente de encontrar um sentido para a própria existência descentralizada, isto é, enfrentar a crise de transcendência e de identidade a partir do único ponto de partida possível, o da fé, sem a qual é impensável uma vida com Deus, uma vida de oração.

Por essa razão, desde o início, o diretor dos EED iniciava suas meditações com uma descarnada análise da "atrofia espiritual", para abordar o tema da fé, "fundamento da vida com Deus", com enfoques nitidamente bíblicos e experienciais. Isso conferia um limitado espaço para as racionalizações e o discurso teológico, destinados a arrancar os participantes dos encontros de uma fé em Deus como segurança de uma religiosidade sem surpresas nem sobressaltos, do Deus da razão e do costume, e levá-los a uma crença adulta, transcendida e libertadora, inquietante e, ao mesmo tempo, capaz de torná-los serenos; em resumo, é a fé de Abraão e de Moisés, dos Profetas e dos Santos Padres, de Maria e de Jesus, em um Deus vivo e verdadeiro.

Essa e outras expressões equivalentes eram usadas na pregação e nos escritos de Larrañaga, cuja mensagem tinha (e tem) um forte acento vitalista. Isso ocorre porque seu objetivo é suscitar e provocar em seus destinatários o desejo e a experiência de um Deus de vida.

Na origem desse chamado para a vida com Deus (a que se refere de modo caloroso), está seu franciscano respeito e veneração, e até mesmo ternura, por toda a criação de Deus, e uma fé inquebrantável na essencial bondade do homem, reflexo da bondade de Deus-Pai, cujo Espírito continua "a acalentar o mundo, cobrindo-o com seu seio quente e suas asas brilhantes" (Gerald M. Hopkins), como nos dias do paraíso.

A fé do diretor dos EED na vida, que "brota como um rio límpido como cristal do trono de Deus e do Cordeiro" (cf. Ap 22, 1-2), e no Deus da vida, a afirmação desse dom primeiro e original, o gozo e o entusiasmo por tudo que nasce e renasce, palpita e vibra (que o leva a rejeitar quase visceralmente todos os sinais de destruição e morte) são a mola propulsora mais íntima que mobiliza sua ação apostólica e profética.

Sob esse aspecto, os EED não são mais que um apelo urgente na busca de um sentido para a própria vida, a vida com Deus. Seu objetivo é suscitá-la, despertando a consciência da necessidade e do desejo de Deus, "mais íntimo a mim mesmo de quanto o seja eu próprio", de acordo com a clássica expressão de santo Agostinho. Por isso, o Senhor está na raiz de nossos problemas, misteriosamente envolvido em nossa impotência de reconhecê-lo, e até no mais obscuro e instintivo impulso de rejeitá-lo. Vale citar que só resiste a ele quem pensa que o possui ou o transformou em uma projeção das próprias necessidades e desejos.

É imprescindível que haja uma vida com Deus que revele os recônditos mais íntimos do desejo: este abre espaços novos de liberdade, tornando possível uma verdadeira reconciliação do ser humano com ele mesmo e com os demais. Além disso, é o único caminho real para uma realização no amor.

Com base no reconhecimento da própria indigência (o que são Francisco chamava apropriadamente de "necessidade-pobreza"), o diretor dos EED incentiva os participantes a irem na direção do desconhecido, à terra sem fronteiras, objetivando uma conversão a uma fé que não é fruto da razão nem de um antiquado exercício da vontade, mas um ato supremo de confiança no chamado misterioso para saltar no vazio, desafiando o instinto de segurança.

A partir daí, abre-se caminho para uma vida com Deus e uma espiritualidade verdadeiramente libertadora. Então, a maneira de relacionar-se com Deus e estar com ele deixa de ser um problema restrito a determinadas mediações, como o problema de divergência oracional, pois tudo é oração.

Oração e vida

Aludimos anteriormente a esse instinto do divino, a essa nostalgia ou saudade de Deus, que integram a própria memória individual e coletiva do homem, mas que poderiam ser também mediadas e obscurecidas por uma religiosidade formalista e auto-suficiente ou uma espiritualidade intimista e descomprometida.

Em último caso, trata-se de um problema constante de falta de fé e equilíbrio entre a vida com Deus e os homens, entre determinadas expressões religiosas e a experiência de encontro e solidariedade com os demais.

Uma existência cristã dedicada à interioridade sem uma referência explícita aos outros demonstrará ser uma forma de alienação, pois "o homem é essencialmente encontro" (Martin Buber), e a fé só "se torna ativa pelo amor" (Gl 5,6). Do mesmo modo, uma vida cristã e religiosa imersa na exterioridade, na funcionalidade e na eficácia que não leva a marca do Espírito vai se devorar em uma atividade estéril e igualmente alienante.

Essa tem sido uma das manifestações da crise de transcendência, característica dos primeiros anos da etapa pós-conciliar, que os EED se propuseram a enfrentar enfatizando a vida com Deus e a vida de oração como fruto de uma experiência de fé e do amor gratuito do Pai.

Se, naquele tempo, essa idéia estava focalizada na vida com Deus, talvez atualmente essa insistência não se fundamente nas exigências crescentes de um compromisso com os pobres e deserdados deste mundo, e de uma luta pela justiça e a paz que devem ser cada vez mais bem definidas e vividas a partir do Evangelho e no Espírito de Jesus Cristo.

Na atualidade, apesar dos progressos conquistados, existe uma crise de oração e contemplação na vida cristã e religiosa. No entanto, as tendências atuais apontam para uma recuperação dos valores espirituais do homem, a interioridade e a gratuidade; e, concretamente, no que se refere à vida religiosa, o "ócio santo" da atividade contemplativa, o retiro e a solidão.

A sensibilidade do homem contemporâneo em relação aos problemas humanos e às situações de injustiça, exploração e marginalização de amplos setores da sociedade; a crescente laicização de nossa cultura e dos critérios de avaliação da realidade, como de nosso estilo de vida; os avanços tecnológicos e os fermentos revolucionários acarretados como reação diante das novas formas de colonialismo e exploração, não menos cruéis que as antigas (quanto a isso, basta recordar as dramáticas implicações da dívida externa das nações subdesenvolvidas), que, nos últimos anos, não deixaram indiferentes diversos setores da Igreja, sem dúvida, contribuíram para uma falta de estima, ao menos na prática, da oração

ENCONTROS DE EXPERIÊNCIA DE DEUS (EED)

e contemplação, como se fossem atividades ociosas (quando não, superestruturas alienantes).

No mundo atual, o critério de validade para a ação é a eficácia; por esse motivo, alguns integrantes da Igreja se sentem complexados, e talvez intimamente frustrados, ao comprovar a prodigiosa eficácia e os milagres da ciência e da técnica, que estão "transformando a face da terra" (cf. GS, 5), enquanto seu ultrapassado agir apostólico mal obtém resultados visíveis.

Em contrapartida, o "canto da sereia" das excelências da "cidade secular" e o impacto, até o entusiasmo, suscitado pelo novo humanismo e pelas teologias das realidades terrenas a partir do Concílio deixavam deslocados os valores da dimensão espiritual do homem, a oração e a contemplação como atividades gratuitas e inúteis. E são justamente a experiência e o exercício da gratuidade, da interioridade, da atividade contemplativa da adoração e de uma busca de novas formas de relação e encontro para além dos aspectos instrumentais e funcionais, o que muitos desejam e procuram agora. Talvez isso seja fruto do isolamento e do desamparo com que o homem acaba se deparando, e com maior razão o religioso, voltado para o meio externo de uma maneira tão excêntrica e dissociadora como a exigida pelo estilo de vida e cultura vigentes.

No que se refere ao aspecto religioso, trata-se de uma exigência de integração e comunhão em resposta à súplica do Senhor Jesus, semelhante à última e mais íntima expressão de sua vontade para seus discípulos, ao final de sua vida: "Que todos sejam um, como tu, Pai, estás em mim, e eu em ti. Que eles estejam em nós, a fim de que o mundo creia que tu me enviaste" (Jo 17,21).

Poderíamos dizer que essa exigência de integração pessoal e comunhão com Deus e com os demais é a chave da pedagogia divina na Bíblia — por meio dos profetas, especialmente de Isaías —, resume toda a existência cristã e se propõe hoje como a condição indispensável para uma nova fecundidade apostólica e um novo desafio.

Atualmente, é inadmissível existir uma dicotomia entre oração e vida, entre o que se vive e o que se celebra, porque o que se celebra é a vida. Vale citar que foram indicadas algumas das causas dessa possível distorção (aliás, muito freqüente), que, em geral, remete a toda a problemática da fé, a uma concepção demasiado mágica dos sacramentos e da própria oração e a uma falta de consciência crítica.

Se os cristãos, em particular os "profissionais" do Evangelho, abandonam ou subestimam o que constitui uma exigência essencial de sua fé — a oração e a contemplação, a adoração e a celebração do momento que estão vivendo —, sua mensagem vai se diluir ou em uma pregação fria e distante, ou em uma releitura política do Evangelho, e suas ações irão se restringir a um ativismo sem transcendência.

Nos últimos anos, numerosos leigos cristãos e também religiosos refugiaram-se em determinados grupos ou movimentos com um forte acento carismático em suas origens, mas sem uma dimensão explícita de compromisso; em conseqüência, estão experimentando um rápido desgaste, talvez por terem propiciado uma espiritualidade demasiado intimista, sacralizada e, em alguns casos, centralizada em determinadas mediações.

Nesses casos, a melhor alternativa é superar qualquer forma de alienação da fé e recuperar uma vida de oração que só é possível em um contexto de crença e experiência de fé como encontro interpessoal; porque à estrutura da fé cristã pertence o ser essencialmente relacional.

Nos dias atuais, o cristão, em especial o sacerdote e o religioso, está à procura de espaços de encontro e comunhão, alternativas de liberdade para o cultivo da amizade e da intimidade, da celebração e da adoração; novamente, trata-se de uma profunda exigência de humanização e integração que tornem possível uma fé adulta. No fundo, isso significa uma busca de sentido para a própria vida ou uma salvação pessoal.

Vale ressaltar que só é possível uma oração verdadeira que se torne vida a partir da verdade e da profundidade de nossa existência concreta e real, bem como a do mundo que nos rodeia.

O diretor dos EED insiste na necessidade individual de "salvar a si mesmo", isto é, mergulhar no próprio interior até despir sua intimidade, cuidadosamente revestida com todos os artifícios do "eu",[3] e reconciliar-se consigo mesmo, como condição indispensável para um verdadeiro encontro com Deus e os demais.

Só é possível reconhecer o Deus que liberta, vivo e gratuito da Bíblia, a partir de uma clara consciência dos próprios limites, muito além de falsas seguranças, sonhos e projeções narcisistas.

O reconhecimento da verdade interna é o único ponto de partida para reconhecer Deus e adorá-lo em espírito e verdade; em conseqüência, esse se torna o único caminho para uma oração verdadeira.

Na origem de uma oração não-solidária e descomprometida com o mundo e a história, estão todas as alienações, pessoais e

---

[3] Ver o livro *Sofrimento e paz*, do mesmo autor.

comunitárias (sem excluir o grupo da Igreja), que revelam uma falta de consciência crítica e de verdadeira liberdade evangélica e, por conseguinte, uma fé adulta.

Atualmente, para leigos e religiosos, o mundo está cada vez mais distante e alheio. Mas isso depende do padrão de pensamento e das atitudes dos demais. Sendo assim, é necessário assumir uma atitude contemplativa e uma postura de oração que tornem possível um compromisso sem dicotomias.

Quando percebemos até que ponto um mundo cada vez mais dominado pelo consumismo, pelo lucro e pela opressão dos mais fracos contradiz e nega o espírito de Jesus Cristo, que sentido teria uma oração descomprometida com essa realidade? Por outro lado, que finalidade poderia ter para nós, cristãos e religiosos, um compromisso com o mundo que não nos oferece mais que simples soluções políticas?

Por isso, os profissionais do Evangelho são chamados a viver uma profunda coerência entre oração e vida, contemplação e compromisso com os homens.

Não teria chegado já a hora de dizer a este mundo que nosso estilo é diferente, o estilo que procede da oração e se expressa não só no compromisso, mas também na contemplação?[4]

---

[4] CASTILHO, José M. *La alternativa cristiniana*. Salamanca, Sígueme, 2000.

Capítulo 3

ESCREVER É COMPROMETER-SE

No capítulo anterior, foi citado que a dimensão subjetiva do ser humano, a imaginação e a intuição estão demasiado ausentes nos sistemas educativos tradicionais da Igreja, que sempre privilegiou a reflexão intelectual e a assimilação conceitual e doutrinal em detrimento da sensibilidade e da dimensão estética do homem.

Por outro lado, o pragmatismo característico da cultura contemporânea foi se infiltrando também no mundo clerical e religioso; e é fácil perceber até que ponto isso influenciou na maneira de pensar, nos hábitos e na atividade apostólica de diversos integrantes da Igreja.

Como resultado, deu-se uma atrofia da dimensão estética do homem, bem como de suas energias imaginativas e afetivas. Toda essa íntima arqueologia lhe permite descobrir as características mais autênticas de sua personalidade – seu mistério pessoal –, enfraquecidas pelo predomínio da razão e dos costumes.

Isso explicaria, entre outras coisas, a escassa relevância da contribuição de religiosos e clérigos no campo da atividade criativa, que deixa de utilizar valorosos recursos na evangelização e na transmissão da fé (a qual não precisava ser tão alheia a suas preocupações e a seu ministério).

Uma literatura religiosa comprometida

No que se refere à literatura religiosa (e aqui aludimos ao leitor comum), não duvidamos de que tenha deixado de ser, em grande parte, a piedosa e edificante de outros tempos. Além disso, julgamos que o didatismo e o moralismo da produção anterior ao Concílio Vaticano II (que tiveram alguns representantes muito destacados, agora justamente esquecidos) cederam lugar a uma literatura cada vez mais em consonância com os interesses e as necessidades do homem contemporâneo, quanto à linguagem e aos conteúdos.

Nas últimas décadas, uma ruptura similar foi sendo feita no campo das publicações periódicas da Igreja, caracterizadas, em geral, por doutrinarismo, diminuição e penúria de meios.

O posterior desenvolvimento desses processos de mudança em relação à literatura religiosa popular, concretamente na América Latina a partir de Medellín e de outras instâncias eclesiais de renovação, aprofundou a ruptura com a cosmovisão pré-conciliar e seus sistemas de produção no campo religioso, caracterizados pelo fixismo e o verticalismo.

A abundante e rica reflexão teológica realizada a partir do Concílio — cada vez mais marcada na América Latina na teoria e na práxis da libertação — e o surgimento de uma espiritualidade e de uma mística coerentes com essa situação estavam direcionados pela própria natureza a alguns círculos fechados. No entanto, nas últimas décadas do século passado, diversos teólogos não se recusaram a escrever obras de divulgação dirigidas ao leitor mediano. Por sua modernidade e qualidade literárias, essas publicações costumavam obter uma considerável difusão.

As tendências apontavam para uma literatura religiosa testemunhal e experiencial, isto é, comprometida, tanto no que se refere a uma espiritualidade e a uma práxis de libertação quanto à experiência de Deus, à oração e à contemplação.

Existe aqui um campo ainda pouco explorado pelo escritor religioso, que está exigindo homens comprometidos e verdadeiros buscadores de Deus, testemunhas qualificadas do Reino em um mundo onde existe uma crescente expansão da palavra.

Escrever, uma necessidade interior

Anos atrás, o jornal francês *Libération* perguntou a quatrocentos escritores de todo o mundo: "Por que você escreve?". Entre as diversas respostas obtidas, muitas coincidiram com a do mexicano João Rulfo: "Simplesmente porque sinto necessidade de fazê-lo". Sem dúvida, o que leva um escritor a arriscar-se nessa aventura de escrever, muitas vezes ousada e ingrata, é expressar-se e transmitir aos outros suas idéias e vivências.

Essa realidade é óbvia pelo menos entre grandes autores e poetas; de modo especial, entre os escritores religiosos, como, por exemplo, santo Agostinho, Teilhard de Chardin, são João da Cruz e Gerald M. Hopkins.

Mais que qualquer outro, o escritor religioso sente-se impelido a escrever por uma exigência interior, uma necessidade vital de expressar-se e transmitir aos demais suas riquezas interiores, que são mais fruto da "razão ardente" (Apollinaire), "isto é, da razão impregnada de vida" (Guilherme de Torre) que da razão refletida, ou da contemplação que da reflexão (são Boaventura).

Esse é o caso dos livros de Inácio Larrañaga, cuja difusão e repercussão nos últimos trinta anos foram superiores às da maior parte dos escritores religiosos de língua espanhola. Nesta obra, foi feito um estudo de algumas publicações não por que apresentem grandes novidades do ponto de vista literário ou de suas idéias, mas pelo caráter experiencial e testemunhal, por sua autenticidade e vitalidade. Em especial, seu estrondoso sucesso o situa nessa literatura comprometida a que nos estamos referindo.

Capítulo 4

MOSTRA-ME O TEU ROSTO

No período que alternava a atividade de animação franciscana no Cefepal com o retiro e a solidão na montanha em Santiago do Chile, Larrañaga vislumbrou a possibilidade de transmitir às demais pessoas as próprias experiências por meio da palavra escrita, como vinha fazendo com a pregação.

Embora tivesse alguma experiência no campo editorial (colaborava continuamente em algumas revistas religiosas na linha renovadora do Concílio Vaticano), jamais havia pensado em tornar-se escritor. Aliás, na época, existia um grande conteúdo erudito sobre Deus contra o qual ele não podia competir, pois não era teólogo, e demasiada literatura religiosa popular superficial e vazia, para a qual Deus não parecia ser mais que um recurso mágico, a projeção dos próprios temores e ansiedades, um "Deus tapa-buracos" (como se dizia naquele tempo, usando uma expressão de Bonhöffer, do qual Inácio era leitor assíduo).

Certa ocasião, após meses de trabalho árduo, viu-se com um calhamaço nas mãos (527 páginas), o qual se transformou na obra-prima *Mostra-me o teu rosto: para a intimidade com Deus*, editada originalmente pelo Cefepal. De acordo com o autor, é um livro nascido da vida.

Na apresentação, está a seguinte frase premonitória de Rahner: "O cristão de amanhã será um místico, alguém que experimentou, ou não será nada".[1] Para cumprir essa predição, em um amanhã que já é hoje, diversos cristãos (leigos e religiosos) estão compreendendo cada vez mais que se trata de um verdadeiro desafio, de ser ou não ser testemunhas e transparência de Deus em um mundo

---

[1] *Mostra-me o teu rosto*. 2. ed. São Paulo, Paulinas, 2005. p. 12.

em que anda solto aquele louco cordato de Nietzsche, percorrendo as praças e os mercados com uma lanterna na mão, em pleno dia, e gritando: "Busco a Deus, busco a Deus" (*Assim falou Zaratustra*).

Este livro percorreu o mundo (com centenas de edições). De acordo com o autor, o objetivo da obra é "oferecer uma colaboração àqueles que desejam iniciar ou recuperar a relação com Deus, e àqueles outros que anelam avançar, mar adentro, no mistério insondável do Deus vivo".[2]

O ponto de partida da fé

Mostra-me o teu rosto é fruto dessa razão ardente, desse discurso transbordante de vida mais apropriado aos contemplativos e aos poetas do que aos filósofos, inclusive aos teólogos; enfim, um discurso a partir de Deus, mais que sobre Deus; e um apelo de urgência para os que crêem nele, e em especial àqueles que não crêem, para os que "o adoram, mas não o conhecem" (cf. At 17,23), isto é, não o experimentam. Em resumo, é um chamado para descobri-lo na raiz do próprio mistério pessoal, porque é possível crer em Deus sem "conhecê-lo", sem ter aberto a profundidade de seu mistério para a própria existência.

No livro, a proposta de Larrañaga é anunciar esse "Deus desconhecido" para não poucos crentes, mas que "não está longe de nós" (cf. At 17,23-27). E o faz como um profeta; por isso, seu estilo é veemente e afirmativo, por vezes contundente, como o dos profetas, dos que vêem e dão testemunho disso.

---

[2] Ibidem, p. 17.

Na primeira edição (que teve cinco mil exemplares esgotados em um ano, contrariando as previsões iniciais), o autor reuniu todo seu conhecimento sobre Deus (a vida com Deus e a experiência de Deus), a oração e a contemplação, a vida em fraternidade e a renovação das comunidades religiosas contemplativas.

Inicialmente, o material estava organizado sem seguir uma padronização, ou seja, enquanto o conteúdo de alguns textos era superficial, outros poderiam servir de base para outro livro (o que de fato aconteceu).

Posteriormente, a primeira edição (a que se seguiram outras, em diversos países) foi revista e atualizada pelo autor, que a adaptou também aos leigos; em conseqüência, as demais edições se multiplicaram. O capítulo inicial de *Mostra-me o teu rosto* discorre sobre certas constantes da oração. Vale ressaltar que o estilo textual é contemplativo, cuja proposta é aproximar-se de Deus e de seu conhecimento em uma atitude de diálogo, abertura e disponibilidade, aceitando de antemão os desafios acarretados por essa decisão.

Entre os desafios a ser vencidos, o primeiro se refere à crise da fé. Por isso, o autor aborda superficialmente o tema inicial – que se desenvolve ao longo do livro, como um *cantus firmus* ou um fio condutor, culminando na contemplação da oração de Jesus e na revelação do Pai. Tudo isso é uma prévia para o capítulo seguinte: Como se visse o invisível.

Nos últimos anos, tem-se falado muito em crise de oração; no entanto, embora existam diversas hipóteses, é impossível chegar a um consenso sobre sua real causa. É certo que há também uma visível decadência das práticas religiosas tradicionais ou do que antes se chamava de "vida de piedade".

De acordo com o autor, atualmente existe uma rara coincidência ao se afirmar que "a decadência da oração provém de uma profunda crise de fé".[3] Anteriormente, já nos referimos a algumas das razões dessa situação, a que o autor alude também no livro. Mas, para melhor situarmos os caminhos de solução propostos, acrescentaremos algumas reflexões, objetivando uma purificação e uma recuperação da fé.

Em primeiro lugar, não se trata somente de uma crise das formas de religiosidade e de oração, mas sim de experiência de fé e, por conseguinte, de experiência de Deus. A religiosidade tradicional anterior ao Concílio Vaticano II, especialmente no interior da vida clerical e religiosa, sustentava-se na assimilação de uma série de normas e "práticas de piedade" para as quais se exigia uma absoluta fidelidade. Conseqüentemente, sua observância se julgava indispensável e suficiente para uma verdadeira relação com Deus ou uma vida com Deus.

Em especial a partir do Concílio Vaticano II, a crise da religiosidade codificada e sancionada pela tradição (aqui, não nos referimos à grande tradição espiritual da Igreja, que é muito diferente, mas à sua degradação contínua) acarretou a dissolução das diferentes formas ou expressões de fé, bem como de determinadas mediações ligadas a elas.

Na ocasião, o que estava em jogo não eram as expressões externas da fé, mas sim suas estruturas como um processo de encontro pessoal com Deus e com Jesus Cristo e de abertura aos outros e ao mundo. Em conseqüência, isso ocasionou uma crença adulta e comprometida não com uma doutrina, mas com uma pessoa, não como experiência religiosa, mas como experiência de Deus.

---

[3] Ibidem, p. 31.

Esses pressupostos estão implícitos nas definições de Larrañaga sobre a fé. No entanto, algumas vezes, tem-se a impressão de que ele defenda uma religiosidade exagerada, em seu esforço por anatematizar o secularismo da etapa pós-conciliar, cujos excessos ameaçam inclinar a balança para o outro extremo: uma religiosidade ou uma práxis cristã demasiadamente infectada pelo temporalismo e alienada da gratuidade, da oração e da contemplação, afinal, de Deus e de seu mistério.

O autor focaliza a fé com um senso dramático e (poderíamos acrescentar) agônico, porque a verdadeira fé ou é desafio e luta (*agoné*) ou, de algum modo, alienação. Ao penetrar na experiência dos grandes crentes da Bíblia, ele propõe aos leitores esta difícil opção: a passagem, a Páscoa, de uma fé que satisfaz a si mesma em uma "prática religiosa" centralizada na preocupação pela salvação individual para uma fé dialogal e libertadora.

De são João da Cruz, o doutor místico da Igreja, no ritmo em que fluem o vivido e o experimentado, e sem uma intenção expressamente doutrinal e pedagógica, mas de testemunho, Larrañaga resgata a essência e substância da fé, que, ao mesmo tempo, "é um hábito da alma certo e escuro".

De modo semelhante aos ilustres crentes da história, todo ser humano precisa "peregrinar na fé", como Maria (LG, 58), como o próprio Jesus. Significa avançar passo a passo pelo deserto, de agonia em agonia, de claridade em claridade, rumo ao desconhecido, ao horizonte entrevisto, ao próprio Deus e seu mistério; que nunca deixará de ser o que é, contorno sem perfil, margem luminosa e escura ao mesmo tempo para o olhar humano, que se afasta de seu mistério a cada vez que pretendemos alcançá-lo e abarcá-lo;

"margem do mundo, vaivém do mar... Tu, fundamento do ser e seu granito, incompreensível Deus" (Gerard M. Hopkins).

Mas ele se aproxima e penetra na profundidade da consciência e da existência, como uma densa névoa que desce das mais altas montanhas, revelada na paciência, na confiança e no abandono, suprema liberdade em exercício.

Trata-se, afinal – porque, muitas vezes, a grande quantidade de palavras de nada servem para nomear o inominável e definir o indefinível, e só podemos rastreá-lo e "especulá-lo" (são Boaventura) –, de uma fé que, no auge de seu exercício, se traduz em adoração silenciosa, espera confiada e amor oblativo.

No capítulo 3, com a fé purificada, Larrañaga convida seus leitores a iniciar o Itinerário para o Encontro. Neste, ele utiliza todos os recursos humanos e psicológicos necessários, entre os quais determinadas técnicas de autocontrole e de aprendizagem de diversas formas de oração, que serão detalhadas ao longo do livro, indispensáveis nos primeiros passos. Seu principal objetivo é apenas recuperar a unidade interior, a serenidade e a paz.

À medida que a oração vai se tornando uma necessidade e um hábito, os apoios humanos são cada vez menos necessários, porque, a partir dessa verdade e unidade interior recuperadas, "o Espírito vem em socorro de nossa fraqueza" (Rm 8,26) e de nossa inconsistência. Ao mesmo tempo, o crente mergulha em uma etapa de purificação que o levará a uma progressiva desapropriação e à união com Deus.

Entretanto, esse extenso capítulo, que necessitaria de um tratamento mais sistemático, é um verdadeiro tratado de pedagogia sobre a oração e a reconciliação interna e com os demais, como disposições básicas para sair de si mesmo ao encontro com Deus e com os outros: "Caminhar para o interior do mistério infinito de Deus, transformando nossas vidas em amor".[4]

Anteriormente, nós nos referimos à importância dada por Inácio Larrañaga ao reconhecimento e à reconciliação com ele mesmo na verdade e na liberdade (salvar a si mesmo), porque, na maioria das vezes, a vida espiritual e a oração não são mais que um denodado exercício de introspecção e, por conseguinte, de rejeição dos outros, o que torna impossível reconhecer a Deus em si mesmo e nos demais.

De acordo com o capítulo 4 (Adorar e contemplar a Deus), só é possível conhecer a Deus no "espírito da verdade" (são Francisco de Assis), porque somente a partir desse espírito ou de uma clara consciência da própria indigência e vulnerabilidade é possível chegar à intimidade com Deus.

Esse processo de autoconhecimento, cujo ponto de partida é uma purificação da fé como uma estrutura pessoal, destinada a provocar um encontro interpessoal, se afirma e confirma na oração, porque esta é uma atividade do espírito cujo objetivo é reconhecer Deus e, nele, as diferenças e semelhanças entre os demais, com as condições exigidas por esse reconhecimento para o desenvolvimento de uma fé adulta.

Quando afirma que todo encontro verdadeiro não é senão a convergência de duas intimidades, ou de duas solidões, sua "última solidão" e mesmidade (*duns scoto*) com a "última solidão" e mesmidade de Deus, pode-se evidenciar esse grande desejo do autor.

---

[4] Ibidem, p. 93.

Para adorar a Deus em espírito e verdade, temos de, primeiramente, despojá-lo de todas as roupagens com que o vestimos, ou seja, "silenciar Deus".[5] Despi-lo, porque todo encontro íntimo se realiza na nudez. "Aprendei a estar vazios de todas as coisas, interiores e exteriores, e vereis como eu sou Deus".[6]

Isso é defendido por escritores espirituais e por místicos, quando falam do relacionamento de amizade ou da intimidade com Deus. De acordo com santa Teresa de Ávila: "Orar é tratar de amizade, estando, muitas vezes, a sós com quem sabemos que nos ama".

Aqui, o autor propõe uma série de técnicas para facilitar a atividade contemplativa, a intimidade com Deus, a adoração sincera, o encontro profundo, a imersão do espírito nas límpidas correntes da gratuidade, para além das palavras e de toda atividade intelectual e espiritual, porque o espírito é receptividade pura.

Em seguida, ele se dedica a descrever esse encontro profundo com Deus no âmago da existência, que, entretanto, é por si mesmo indescritível. Porque se trata de uma "vivência imediata de Deus", para lá da consciência reflexa, "em que meu eu fica em Deus, identificado, compenetrado".[7]

No entanto, o contemplativo é, acima de tudo, alguém centrado nele mesmo ou no gozo solitário dessa visita de Deus que transtorna todos os processos cognoscitivos. Seria o mesmo que negar a autenticidade dessa "vivência imediata de Deus", "o ato mais alto e nobre do espírito".[8]

---

[5] Ibidem, pp. 213ss.
[6] São João da Cruz.
[7] LARRAÑAGA, *Mostra-me o teu rosto*, op. cit. p. 244.
[8] PAULO VI. *Alocução de encerramento do Concílio Vaticano II, 4.*

O contemplativo conhece como ninguém as leis da encarnação. Todo amor verdadeiro é gratuito, e tudo que é gratuito é fecundo. Os grandes contemplativos da história, como Moisés, Jesus, são Paulo, são Francisco e santa Teresa, do alto da meditação e da intimidade com Deus, sentiam-se compelidos a descer à arena da história para transformar-se em libertadores e reformadores. Longe de reter o contemplativo, o Senhor da História joga-o na formação dessa história, orientando-a na direção do projeto de Deus para a humanidade, a utopia do Reino.

No capítulo 5 (Oração e vida), o autor insiste na necessidade de que, antes de tudo, os cristãos sejam exemplos da transcendência para se tornarem testemunhas do Reino e construtores da cidade temporal.

Para Francisco de Assis, o relacionamento e a familiaridade com os hansenianos converteu-se em "doçura da alma e do corpo" (Test., 3) porque, nos rostos lacerados, ele podia visualizar claramente a própria face de Deus. Isso ocorria porque o tinha reconhecido e experimentado real e vivo na própria fragilidade e enfermidade, pois foi o próprio Senhor que o levou "para o meio dos leprosos" (Test., 2).

O verdadeiro Deus é libertador, ou não é Deus. Se não for, ele terá de morrer – tinham razão os teólogos da Morte de Deus, para que cresça e amadureça o Deus libertador da Bíblia, o Deus-Pai de nosso Senhor Jesus Cristo.

A revelação do Pai

No último capítulo (Jesus em oração), o autor se refere à maneira como Jesus se relaciona com Deus. Mas quem é capaz de se colocar no interior do espírito de Jesus – seria como estar à beira de um vulcão em atividade – para descobrir "a riqueza insondável", "a largura, o comprimento, a altura e a profundidade" (Ef 3,8.18-19) da experiência de Deus e de Jesus?

Ao longo do capítulo, Larrañaga penetra de modo contemplativo na alma de Jesus, repleta do absoluto e, por isso, direcionada aos demais de maneira totalmente única, porque ele é o homem para Deus e os outros por excelência.

Para avançar pelas terras obscuras da fé, em sua ascensão fatigante e divinizadora, o cristão só dispõe de uma trilha: a do próprio Jesus. Para não se desorientar nessa travessia, precisa pisar firmemente a terra.[9]

O núcleo ardente dessa "tensão" interna de Jesus, o fundamento e a base de sua comunhão com Deus é a experiência do *Abbá*, única e singular: a experiência de seu Pai, Deus.

Ao revelar-nos sua intimidade por meio da oração e das parábolas da misericórdia, com acentos de contida ternura (quase transbordada na parábola do filho pródigo), Jesus nos convida a partilharmos a própria experiência filial: "Pai nosso"; e a fazer dela também núcleo e substância de nossa relação com Deus.

Com base nessa experiência partilhada, do espírito de infância recuperado, ou da confiança ilimitada no plano de Deus para nós, podemos entender a obediência de Jesus e seu abandono nas mãos do Pai como a atitude fundamental de sua vida e de sua espiritualidade. Assim o entendeu Mateus, como se tentasse definir seu peculiar modo de ser e de estar no mundo, quando afirma pela

---

[9] LARRAÑAGA, *Mostra-me o teu rosto*, op. cit., p. 336.

boca dos escribas e mestres da lei, no alto do Calvário: "Confiou em Deus" (Mt 27,43a).

Quem deposita em Deus sua confiança é indestrutível; em conseqüência, os frutos de uma vida entregue (e, de alguma maneira, devolvida à inocência original) não podem ser senão a dignidade e a liberdade, o gozo e a paz.

O paradoxo final, síntese e resultado dos demais, se expressa na palavra-chave: abandono, princípio de toda pedagogia de Deus definida por Larrañaga. Esta supõe e exige um longo percurso a partir do eu descentrado e não-autêntico, até a unidade ou a integração interior, a desapropriação e a abnegação: o amor oblativo, reflexo e resumo da benignidade e gratuidade de Deus, que corresponde à maturidade do homem que crê.

Capítulo 5

O SILÊNCIO DE MARIA

Segundo livro escrito por Inácio Larrañaga (1976), foi editado em vários países e em diversos idiomas (espanhol, português, italiano e croata). No Brasil, de fevereiro a novembro de 1997, foram feitas nove edições.

A outra Maria

Na juventude, Inácio Larrañaga foi bastante resistente à devoção mariana tradicionalista. Antes, não lhe dizia nada aquela Maria, a da mariologia dedutiva, nem aquela Virgem aureolada, rodeada de azul, coroada de estrelas e com a lua sob os pés, tão mitificada e distante de nossa pobre condição humana. No entanto, certa ocasião, ficou surpreso ao descobrir a outra Maria: a mulher de fé, a pobre de Deus, senhora dela mesma, de admirável integridade, tão plena de silêncio e dignidade.

Após a descoberta dessa renovada espiritualidade mariana, a qual contemplou e viveu por muitos anos, Inácio sentiu a necessidade de transmiti-la aos demais. Desse modo, surgiu *O silêncio de Maria*.

O fio condutor da meditação do autor sobre Maria é a maternidade e a fidelidade ao desígnio de Deus na escuridão e no silêncio, na pobreza e na humildade. Mas, em relação ao aspecto de Maria, a pobre, que identifica mais plenamente sua personalidade humana e espiritual, o autor não conseguiu discorrer como desejava.

Vale citar que, antes do Concílio Vaticano II, a mariologia tradicional estava sendo profundamente renovada por parte de alguns exegetas e teólogos, em especial Paul Gechter e Karl Hermann Schelkle, que contribuíram para dar maior solidez às intuições de Larrañaga.

O SILÊNCIO DE MARIA

A mariologia, que poderíamos chamar de escola, e o devocionismo popular tradicional, fomentado pela mesma Igreja, tendiam a separar a devoção mariana da história da salvação, mudando-a em um culto autônomo e auto-suficiente, ou, de acordo com R. Laurentin, em "outra religião".[1]

Como reafirmaria posteriormente a importante e renovadora exortação apostólica *Marialis cultus* (1974), esses desvios são causados, em parte, à "diversidade entre alguns aspectos de seu conteúdo (o culto de Maria) e as atuais concepções antropológicas e a realidade psicossociológica, profundamente mudada".[2] Por último, pede que a renovação da piedade mariana seja fundamentada em uma perspectiva bíblica, litúrgica, ecumênica e antropológica.

Apesar de ter enquadrado o culto mariano de maneira muito precisa em um contexto cristológico, o Concílio Vaticano II mostrou-se excessivamente conservador em relação às expressões tradicionais da devoção mariana e sua dimensão antropológica.

Maria pode (e deve) ser apresentada ao homem atual não só como um paradigma de virtudes e guia inspiradora para a vida espiritual, mas principalmente como a mais perfeita ouvinte da palavra:

> Modelo acabado de discípulo do Senhor: artífice da cidade terrena e temporal, mas peregrina diligente da pátria celestial e eterna; promotora da justiça que liberta o oprimido e da caridade que socorre o necessitado, mas, antes de tudo, como testemunha ativa do amor que edifica Cristo nos corações.[3]

---

[1] *A questão marial.* São Paulo, Paulinas, 1966.
[2] Ibidem, p. 34.
[3] Ibidem, p. 37.

Após uma leitura atenta de *O silêncio de Maria*, é possível perceber a coincidência entre as intuições de Larrañaga e o espírito e os conteúdos fundamentais da citada exortação, publicada um ano após a finalização do livro.

Além disso, é o livro mais bem elaborado e fluido do autor. Destacando-se pela seriedade e clareza de seu discurso, sempre marcado no experiencial e vital, a obra foi escrita no ritmo de seu coração e da música de Mozart (que o autor confessa ter ouvido repetidamente enquanto escrevia, a fim de captar-lhe a clareza, alegria e fluidez). A nosso ver, *O silêncio de Maria* é um bom exemplo da literatura religiosa renovada.

Mas é bom notar a influência da espiritualidade franciscana, e concretamente da piedade mariana de são Francisco, equilibrada e centralizada na história da salvação. Para o santo, Maria é a Virgem pobrezinha e a Mãe de toda bondade. Em seus escritos, as constantes referências à maternidade de Maria estão repletas de ternura. Se, alguma vez, se exalta, chamando-a de Palácio de Deus, Escrava de Deus, Veste de Deus, Tabernáculo de Deus, Casa de Deus, Serva de Deus, Mãe de Deus, é (como se percebe) para destacar e celebrar sua maternidade; porque, "no seio da santa e gloriosa Virgem Maria, o Verbo do Pai recebeu a carne de nossa humanidade e fragilidade" (Ctf 4).

A partir da límpida espiritualidade mariana de Francisco de Assis, percebemos Maria não como a mulher vestida do sol, mas como a Senhora Pobre e Advogada da Misericórdia, tão unida a nossa condição humana que não é de estranhar que seu primeiro biógrafo a proclame "Advogada dos Pobres" (2Cel 198).

O SILÊNCIO DE MARIA

Peregrina na fé

Maria é o paradigma do silêncio de Deus, tanto mais misteriosamente silencioso e gratuito quanto mais intimamente sentido. "Tudo, no universo, é uma imensa e profunda evocação do Mistério, mas o Mistério se desvanece no silêncio",[4] que abre espaços para a liberdade, a disponibilidade, a receptividade. Por isso, Larrañaga escolheu a palavra silêncio, a fim de definir sua concepção de Maria na história da salvação; porque ela é a grande silenciosa nos textos sagrados, aliás, por sua plenitude espiritual e sua direta vinculação com o mistério. A respeito desse silêncio, o autor declara:

> Quando posso intuir, tratou-se de um sigilo reverente diante da presença do enorme Mistério. Está aqui a explicação definitiva do desconcertante silêncio. Maria ficou abismada e profundamente comovida pelo Mistério da Encarnação.[5]

Entre os cristãos, a maioria das informações sobre Maria se refere aos relatos da infância de Jesus. Embora escassos, os dados transmitem a idéia de sua perfeição, sendo desnecessário acrescentar mais detalhes.

Na mais antiga tradição cristã, a do *kerigma* ou da pregação primitiva, Maria também está subentendida, gerando, no silêncio e na solidão, a Igreja nascente. Mas seria possível duvidar de que ela recebesse uma especial veneração por parte dos primeiros seguidores de seu Filho?

---

[4] *O silêncio de Maria*. 33. ed. São Paulo, Paulinas, 2004. p. 68.
[5] Ibidem, p. 115.

Nesse momento, ela era a mãe de todos os crentes (Inácio Larrañaga antecipa algumas reflexões sobre a maternidade de Maria, de que se ocuparia mais extensamente no último capítulo do livro). Assim como, ao longo da vida, foi peregrina na fé (LG, 58), isto é, cresceu na compreensão do mistério da salvação que progredia ao redor, desenvolveu-se na função que estava chamada a desempenhar na Igreja: sua maternidade espiritual.

Onde seu Filho estivesse renascendo, ela também tinha de estar presente, novamente silenciosa e subentendida, como todas as mães quando os filhos crescem e começam a cumprir seu destino: "Não sabíeis que eu devo estar naquilo que é de meu pai?" (Lc 2,49).

No capítulo 1 (Retorno), a partir dos evangelhos, Larrañaga delineia o perfil humano e espiritual de Maria; nesses, o que a identifica e diferencia é, principalmente, sua maternidade. Ela é a Mãe de Jesus.

> Temos a impressão de que, desde o primeiro momento, Maria foi identificada e diferenciada por essa função, e, possivelmente, por esse precioso nome. É o que parece deduzir-se da denominação que os quatro evangelistas dão a Maria, sempre que ela aparece em cena.[6]

Isso se dá especialmente na ocasião mais solene, quando seu Filho diz, na cruz: "Eis a tua mãe" (Jo 19,27a). Com esse testamento, Jesus oferece seu último legado a João e à humanidade. Por isso, na manhã de Pentecostes, Maria estava presente e podemos supor que presidia a pequena comunidade reunida, quando o Espírito irrompeu explosivamente no grupo.

---

[6] Ibidem, p. 25.

Mas é preciso situá-la na perspectiva da mulher de fé e na *peregrinatio fidei* (como fez o Concílio Vaticano II), ou seja, o caminho que vai sendo delineado, o deserto, a noite escura, o silêncio e a obediência. Porque ela não era mais que uma mulher do povo, uma filha de Sião, que apenas "permitiu que avançasse por meio dela a glória de Deus – que preferiu – derramar-se por ela, fluir a partir dela para longe, não de outra maneira".[7]

No capítulo 2 (Peregrinação), Larrañaga "penetra" no interior de Maria, convidando o leitor a fazer o mesmo de modo contemplativo; vendo-a, primeiro, em seu contexto sociocultural e em sua condição humana de mulher simples. Na realidade, era uma adolescente convidada, de repente, a transcender e ultrapassar sua frágil louçania de menina de 15 anos e entrar no silêncio de Deus e seu mistério. Em seguida, ela acompanhou seu filho na peregrinação pela fé, até a hora da grande renúncia, a espada do desconcerto final que atravessa suas fibras mais íntimas, o abandono total nas mãos do Pai.

De alguma maneira, no itinerário de Maria para Deus, o autor projeta sua intimidade humana e espiritual (ou seja, a própria memória ou a experiência pessoal dela), revestindo-a de um calor e de uma naturalidade em seu processo de compreensão e assimilação do mistério, que se aproximara de repente na fragilidade de sua carne e em seu ambiente vital. Isso a torna muito mais humana e próxima, e, ao mesmo tempo, divina. Desse modo, ela é relatada pelos evangelistas (principalmente Lucas) com as seguintes qualidades: pobreza, consciência da própria fragilidade, mansidão, humildade, disponibilidade, solidariedade, alegria, paz (*shalom*).

---

[7] HOPKINS, G. M. *María comparada al aire que respiramos.*

Esses atributos remetem à figura dos *anawim*, os pobres de Javé do Antigo Testamento, que constitui o próprio núcleo da mensagem de Jesus: as bem-aventuranças.

Nesse momento, Maria é a herdeira de uma tradição espiritual, a dos *anawim*, que, por desígnio de Deus, se condensou nela como uma densa nuvem grávida de Espírito para encarnar o Justo, o servo de Javé por excelência. Por isso, poderíamos dizer que a singularidade de Maria foi fruto da conjunção do desígnio de Deus e da culminação e plenitude de um tempo dos homens. Ele a preparou e modelou desde a eternidade para ser o receptáculo do Verbo, mas a humanidade a reclamava também como um fruto maduro. A essa explosão de gratuidade, Maria respondeu com suma fidelidade; razão de sua figura extraordinária.

No capítulo 3 (Silêncio), Inácio contempla Maria enfrentando —com uma discrição e uma decisão que revelam sua maturidade humano-espiritual— o extraordinário mistério que se faz carne e substância de seu mistério pessoal e de seu destino como mulher. Por outro lado, o *Magnificat* (que traduz, sem dúvida, as mais íntimas aspirações de Maria e reflete de maneira admirável as expectativas messiânicas de todo um povo, e em especial do "resto fiel") revela até que ponto ela mesma se sentia inserida no âmago da história desse povo, na tradição profética de Israel e na espiritualidade dos pobres de Javé. Isso supõe um nível bastante desconcertante de consciência da utopia do Reino em uma jovenzinha da aldeia de Nazaré.

Ao longo da narrativa, Larrañaga manifesta seu espanto diante da maturidade humano-espiritual de Maria, por vezes inexplicável, como sua atitude perante as demais circunstâncias excepcionais de sua vida. Estas são analisadas pelo autor a partir de sua extraordinária experiência de Deus, implicado a tal ponto em sua história pessoal. Na realidade, ela mesma era uma utopia viva.

Pelo motivo de o Reino de Deus crescer no silêncio e na intimidade, na pobreza e na gratuidade, Maria não só vive o segredo, sua missão e seu destino como Mãe-Virgem de um Deus que se aproximou do homem por meio dela, envolta em um sagrado e respeitoso silêncio, mas ela mesma é o silêncio e a gratuidade de Deus personificada, singular, bendita entre as mulheres, infinitamente única e rara. Ao mesmo tempo, é "a mais humilde das criaturas – uma pobre mulher –, uma pobre judia da Judéia".[8]

A Mãe

No capítulo 4 (A Mãe), está expresso que a razão última e única da singularidade, da raridade de Maria, está em sua maternidade.

Em João, o Senhor dava Maria a todos como mãe, em um sentido messiânico sobrenatural. Resumidamente, neste episódio, Jesus Cristo declarava e fazia todos os redimidos filhos de Maria.[9]

Com isso, o passado do homem converge em Cristo por meio dela, enquanto seu futuro emerge dela até sua consumação em Cristo.

No último capítulo, Larrañaga situa teologicamente a maternidade de Maria para, em seguida, penetrar no epicentro desta realidade implosiva e, ao mesmo tempo, explosiva: o coração da mãe. Naquele momento, à semelhança de uma nuvem, o Espírito Santo a cobriu, e ela engravidou do Filho de Deus.

---

[8] PÉGUY, Charles. *Palabras cristianas*. 2. ed. Salamanca, Sígueme, 1964.
[9] *O silêncio de Maria*, op. cit., p. 173.

O autor a contempla a partir dessa realidade que irrompe, abismada em um universo sem fundo nem contornos, olhando contemplativamente para o fundo de seu ser, onde se realizava o mistério da encarnação. Além disso, ele a vê centrada e concentrada de corpo e alma na magnificência de seu Senhor, que, de repente, tinha invadido o território de sua personalidade.[10]

A fisiologia descreve admiravelmente de que maneira, nos dias da gravidez, todas as funções vitais da gestante convergem para a criatura que está no centro de seu organismo e colaboram para sua formação. Se em Maria as funções fisiológicas, por reação espontânea, dirigiam-se para o centro de seu organismo onde germinava o Filho de Deus, ao mesmo tempo toda a sua alma – atenção, emoção, forças de profundidade – convergia livremente e com devoção para esse mesmo centro, teatro das maravilhas de Deus.[11]

Ainda de acordo com o autor:

A semelhança física entre a Mãe e o Filho deve ter sido enorme. As reações e comportamento geral devem ter sido muito seme-lhantes na Mãe e no Filho, o que, por outro lado, vislumbra-se claramente nos evangelhos. Como era Maria? Basta olhar Jesus. O Filho foi a cópia de sua Mãe, sua fotografia, sua imagem exata, tanto no aspecto físico como nas reações psíquicas.[12]

Aqui, vale ressaltar que, para os postulados da psicologia profunda, a mãe marca de maneira definitiva a psique do filho, e, em alguns casos, até de maneira determinante, condicionando seu desenvolvimento adulto.

---

[10] Ibidem, p. 140.
[11] Ibidem, p. 150.
[12] Ibidem, p. 155.

Não foi esse o caso de Jesus, a quem vemos libertado desde criança da tutela materna, a ponto de suas atitudes para com ela parecerem frias e distantes. Para o autor, isso constitui um profundo mistério, o qual tenta descobri-lo. Nessa "frieza" de Jesus diante da mãe, pode-se constatar uma atitude deliberada, algo como um recurso pedagógico (de acordo com relatos evangélicos).

De qualquer maneira, antes de ir adiante, é preciso distinguir claramente, em Maria, a ciência (conhecimento teológico do que estava acontecendo no Calvário) da fé. A grandeza não vem de seu conhecimento, maior ou menor, mas de sua fé.[13]

Nisso, não houve nenhum conflito, mas sim um singular processo pedagógico de Jesus para com sua mãe, para levá-la à compreensão de que havia sido chamada a estender sua função materna a inúmeros filhos, a transcender a carne e o sangue. Larrañaga chama esse processo de "travessia pascal de Maria" e "uma nova gestação espiritual". Maria gerou Jesus segundo a carne, mas Jesus gerou Maria segundo a fé. Ela é a "representante das gerações que a precederam e, ao mesmo tempo, é a porta das futuras gerações redimidas".[14]

Para que surja o homem novo, livre e adulto, nascido do Espírito, não basta a presença do Pai gerador, é necessária também a presença da "mãe de toda bondade". Na etapa do primeiro desenvolvimento, ela é indispensável para a estruturação da personalidade; em contrapartida, na idade adulta (para sua afirmação e consolidação), ela está sempre subentendida, talvez mais que o ser humano seja capaz de reconhecer.

---

[13] Ibidem, p. 84.
[14] Idem, p. 140.

Talvez certas expressões de devoção mariana, em que pareceria dominar de maneira absorvente a imagem da mãe, sugerissem uma ligação além da etapa infantil da fé. Aqui fica o questionamento: teria havido uma espécie de complexo de Édipo transferido para a vida espiritual?

Agora mais que nunca, nós, adultos desses tempos sem pais, precisamos da mãe, a fim de não acabarmos definitivamente desaparecidos no desconsolo e na desolação, para que nosso coração não acabe amargo e partido e que, ainda, sejamos capazes de nos reconhecer filhos no Filho.

Por esse motivo, Jesus nos deixou a figura materna em herança ao discípulo amado e a todos os demais discípulos: "Eis a tua mãe" (Jo 19,27a). Naquele momento, "Cristo, recém-formado – nós o sentimos saltando dentro de cada um, como um outro e nobre eu, e torna cada um cada vez mais, até o fim, filho de Deus e de Maria" (G. M. Hopkins).

Os filhos da esperança

Nos comentários espirituais dos Salmos, em especial aos que se referem à Criação (publicados pela revista espanhola *Vida religiosa*), Larrañaga insiste na perspectiva de uma espiritualidade cósmica, que o aproxima a Teilhard de Chardin.

De acordo com as palavras do autor, esse grande místico da era tecnológica (que foi um de seus inspiradores) se esforçou como ninguém para integrar a fé a uma visão científica do mundo. No centro dessa preocupação, ele destaca o amor como a energia fundamental do mundo em evolução para uma convergência cada vez mais abrangente.

Em seu comentário sobre os salmos 8 e 104 (e em outros com temática similar), Inácio evoca a *Missa sobre o mundo*, de Teilhard de Chardin, nas nuas estepes da Ásia, e a oração que a resume:

Recebe, Senhor, esta hóstia total que a Criação te apresenta nesta nova aurora. Puseste no fundo desta massa informe – nosso esforço e nossa dor – um irresistível e santificante desejo que nos faz todos gritar: Senhor, faz um de todos nós!

Essa intensidade do desejo pela unidade – que também se fez oração no espírito de Jesus Cristo pouco antes de sua morte: "Pai Santo, guarda-os em teu nome, o nome que me deste, para que eles sejam um, como nós somos um" (Jo 17,11b) – está enraizada na memória e na consciência coletiva, ou o que Teilhard chama de superconsciência do homem em um destino comum, que se vai consumando em Cristo e a partir dele, e se concretizará por milhões de anos, até a realização final no amor.

Essa utopia é desenvolvida por Inácio Larrañaga na conclusão de *O silêncio de Maria*, com o título "Marcha transistórica e consumação". Essa parte traduz de maneira inspirada e entusiasta seu espanto (ou o que Paul Tillich chamaria de "estupor absoluto") diante do desígnio de Deus: a divinização do homem.

Estamos no início de uma longa caminhada, mal saindo da floresta para o horizonte de um Universo em expansão. E qual é a tarefa que espera o homem, "sujeito ao que é vão e ilusório" (Rm 8,20a)? A passagem do egoísmo para o amor, a desapropriação de todas as ataduras que o mantêm polarizado no provisório, e a abertura para as dimensões fundamentais de sua existência: a comunhão e a solidariedade, não só com os homens, mas com toda a criação de Deus.

A razão de ser da História humana é liberar as grandes energias humanas acorrentadas hoje aos anéis egocêntricos do homem e colocá-las ao serviço dos outros.[15]

Aqui, a chave para a libertação pascal é Jesus Cristo, porque só "no mistério do Verbo Encarnado se esclarece o mistério do homem" (cf. GS, 22). O mistério do Cristo meta-histórico que cresce dia a dia em cada um dos membros de seu Corpo místico, até alcançar a "estatura do Cristo em plenitude" (Ef 3,13b).

Trata-se da Páscoa prolongada na história, simbolizada e realizada na figura do pão e do vinho consagrados. O gozo e a esperança da Igreja, seu invencível otimismo, que, com freqüência, ecoa muito fracamente entre diversos cristãos, só podem ser compreendidos e vividos a partir da fé pascal, da crença no Cristo que continua a morrer e a ressuscitar em cada morte e transfiguração.

A fé cristã, e conseqüentemente a teologia, só tem sentido pleno na perspectiva da meta, do destino final do homem e de toda a criação. Por isso, poderíamos dizer que a medida da fé é a esperança; uma fé-esperança que corresponda ao propósito e ao projeto criador e libertador de Deus, que, por meio de Jesus Cristo, "quer fazer novas todas as coisas" (cf. Ap 21,5).

"A esperança é a filha predileta de Deus", diz Larrañaga, e "nós somos os filhos da esperança".[16] Muitos dizem que, no mundo, não há lugar para a esperança; mas estão equivocados, porque crêem nas estatísticas, lêem os jornais e depositam sua fé nas pesquisas sociológicas; enfim, só acreditam no que vêem.

---

[15] Ibidem, p. 193.
[16] Ibidem, p. 200.

Mas o desejo do Pai é cristianizar o mundo a partir de um processo ascendente que vai durar milênios. A unidade de medida para os paleontólogos é um milhão de anos; no entanto, para Deus, esta é inexistente. Os filhos da esperança não podem ceder diante das frustrações do tempo presente, porque sua unidade de medida é também o tempo de Deus.

Ao fazer-se no mundo desde que assumiu a carne no seio de Maria, Cristo refaz continuamente seu corpo na humanidade. Com isso, a mãe-pobre não fica alheia a esse processo transistórico. Ela o preside, como um dia à Igreja nascente, porque "é a mãe fundamental de toda essa transformação libertadora e divinizadora, por meio de nós, seus filhos redimidos".[17]

A partir do exemplo de são Francisco, os filhos da esperança, também conhecidos como homens do tempo que vem:

> Deveriam assumir suas responsabilidades com a audácia do Espírito e o equilíbrio de Deus. Começará uma nova época em que os pobres ocuparão seu lugar no reino, haverá uma libertação de toda escravidão e as energias dispersas se integrarão. Os filhos do Pai e da Senhora, nossa Mãe, formarão um povo único e fraterno. Maria presidirá essa lenta operação.[18]

---

[17] Ibidem, p. 196.
[18] Ibidem, p. 202.

Capítulo 6

SUBA COMIGO

Suba comigo (1978) é o terceiro livro de Inácio Larrañaga. Trata-se de uma análise racional de uma viagem interior, proposta ao leitor a partir da compreensão, ou melhor, da percepção da própria mesmidade (aquele "suba para nascer comigo, irmão", de Neruda), a da pessoa como "a última solidão do ser", como a percebeu Duns Scoto, teólogo franciscano da Idade Média.

Esse iniludível ser solidão, interioridade e mesmice (que constitui a pessoa) também faz o homem ser constitutiva e inevitavelmente um ser em relação, essencialmente se referido aos demais. A dinâmica do encontro com o outro, os outros, foi e continua a ser básica na mensagem oral e escrita de Inácio Larrañaga.

Trata-se de uma utopia, a humana, a de Jesus que se dá até o aniquilamento, a do ser para os outros como plenitude e cabal cumprimento do ser humano completo. Em resumo, refere-se a esse acendrado mistério do amor oblativo, imaculado, da vida que acontece porque deve ser assim; "a rosa não tem razão de ser, floresce porque floresce. Não se preocupa consigo mesma, nem pretende ser vista".[1]

Essas reflexões estão presentes tanto na linguagem falada como na escrita de Larrañaga. De acordo com o filósofo Ortega y Gasset, constituía uma linguagem dizente, isto é, a que sugere não tanto do pensado, mas sim do experimentado; não tanto da reflexão intelectual, mas da vida prática.

Também aqui (e estamos em condições de testemunhá-lo), o autor revela suas impressões, a partir das próprias experiências e das demais pessoas.

---

[1] Angelus Silesius, místico alemão do século 17.

Neste livro, pode ser que, mais habituados a valorizar a linguagem falada e discente que a dizente, alguns leitores não encontrem grandes novidades. No entanto, a obra apresenta intuições e vislumbres que abordam diretamente o problema do religioso como ser em relação com os demais, às raízes e razões mais profundas da atual crise de convivência, que ainda era mais aguda na época da publicação da obra (1978), não só nos grupos religiosos, mas em todos os grupos cristãos. Sem dúvida, essa é a razão pela qual *Suba comigo* alcançou também uma surpreendente repercussão.

Desde as primeiras páginas, Larrañaga convida os leitores a uma viagem ao interior deles mesmos, porque "os que sempre se movem na superfície jamais vão suspeitar dos prodígios que se escondem nas raízes".[2]

Trata-se de iniciar um processo de autoconhecimento a partir da solidão ou da "solitariedade". Nelas, aninham-se os causadores de possíveis perturbações genéticas, que costumam derivar ora para a ansiedade, a angústia ou a depressão, ora para a solidariedade, o amor oblativo, a plenitude.

"A única salvação" – afirma o autor – "é a saída para o outro", porque a única maneira de encontrar o outro e a si mesmo na verdade e na liberdade é saindo de si mesmo. Isso não se trata de uma tática, mas da própria condição do homem como ser em relação, feito à imagem e semelhança de Deus. Por isso, essa dialética, a do ser humano chamado para ser ele mesmo e convocado a ser para os outros, isto é, para dar-se, remete diretamente ao mistério trinitário e se concretiza em uma tensão sem limites, perpetuamente insatisfeita, em comunhão com o mundo e os demais como semelhantes,

---

[2] *Suba comigo*. 17. ed. São Paulo, Paulinas, 2006. p. 11.

115

e mais, como irmãos e integrantes de um mesmo destino, talvez até limites insuspeitos. "Quem sabe se cada um morre para si, ou uns pelos outros, ou mesmo uns em lugar dos outros?", pergunta-se a Irmã Constança em *Diálogos das Carmelitas*, de Bernanos.

Vale ressaltar que o mistério da fraternidade cristã mergulha na perspectiva da fé até o fundo do sofrimento vigário de Cristo, o Servo, o ser para os outros por excelência.

No entanto, muitas vezes, a fraternidade religiosa tem sido uma escola de mediocridade e falta de solidariedade. Isso ocorre porque se esqueceram de que a fraternidade cristã "não é uma realidade psíquica, mas uma realidade espiritual" (Dietrich Bonhöffer).

Por isso, fica a dúvida: qual é o sentido de um grupo de homens ou de mulheres reunidos, de fato, em nome de interesses que se fundamentam somente na carne e no sangue, como, por exemplo, afinidade, simpatia e mesmo vantagens apostólicas e profissionais, se a razão de sua pertença ao grupo não é o Senhor Jesus, ou isso não é determinante? "Porque só nos pertencemos uns aos outros por meio de Jesus Cristo" (Bonhöffer).

Larrañaga revela sua verdade sobre a figura de Jesus como fundamento primário e insubstituível no grupo fraterno. Após uma motivadora reflexão, na qual tomou como guia Bonhöffer, um de seus teólogos preferidos por anos, conclui categoricamente:

> Nesses momentos, se Jesus não está vivo no coração dos irmãos, nascem os conflitos íntimos e as frustrações. Chegam também as ansiedades, que são portas abertas para a neurose. Aparecem as diferentes perturbações da personalidade. E, por esses caminhos, encontramos irmãos desolados, tristes e ansiosos.[3]

---

[3] Ibidem, p. 64.

Para que isso não ocorra, não bastam um esforço voluntarista nem a aplicação de determinadas técnicas de grupo. É necessário percorrer um longo caminho para curar as "energias não redimidas" e controlar os impulsos mais íntimos, mesmo inconscientes, a fim de recuperá-los para uma consciência desperta e para a liberdade.

Ao parafrasear são Paulo, pode-se dizer que, da carne (ou do inconsciente, esse cemitério de recordações estranguladas, esse vulcão de energias primitivas, em que reina sozinho o código do prazer), nasce todo tipo de tendências negativas, como, por exemplo, narcisismo, desamor, agressividade, violência compensadora, antipatia, inveja e falta de solidariedade. Com base nesses sentimentos negativos, Larrañaga analisa o comportamento do indivíduo dominado por essas e outras distorções da personalidade.

No início, o caminho corta territórios humanos e conta com a capacidade de reverter os processos de desajuste da personalidade (inata aos seres humanos), de domínio dos impulsos mais pertinazes e de transformação do mal em bem, da necessidade em liberdade.

Sua pedagogia proposta é a mesma bem-sucedida que utiliza há anos com diversas pessoas, que poderíamos resumir nestas duas palavras: objetividade e desapropriação. As técnicas para o exercício da vontade e da liberdade para alcançar esses objetivos também poderiam ser sintetizadas em poucas palavras: despertar, desligar-se, deixar que tudo siga seu ritmo natural. O autor denomina tudo isso de "condições prévias para amar".

Despertar, isto é, libertar-se das próprias ilusões; desligar-se, isto é, desprender-se das aderências sufocantes e dos vínculos emocionais; deixar que as coisas sejam, ou aceitar em paz as leis inerentes à condição humana: contingência, precariedade, mediocridade e qualquer outra forma de limitação.

Para o exercício dessa sabedoria libertadora, na realidade uma verdadeira via purificadora, que permite ao homem ter condições de amar e ser amado, de avançar rapidamente pelos caminhos da solidariedade para o amor oblativo, o autor propõe uma série de exercícios de relaxamento e autocontrole, que experimentou com notável êxito com milhares de pessoas.

A razão de todas as frustrações e de todos os desajustes de personalidade está na incapacidade para amar.

Inácio Larrañaga continua a expor sua verdade, agora apoiado pelo evangelista João, que sabia o que dizia: "Não há guia tão prático como João para esta peregrinação pelas sendas da fraternidade".[4] Além disso, cita que sua pedagogia se resume em três luminosas e definitivas palavras: "Dar a vida" (cf. 1Jo 3,16).

Este é o amor oblativo: não dar, mas dar-se, morrendo para si mesmo a cada instante, porque, quanto mais renuncio a mim mesmo, mais recebo; quanto mais me abro, maior plenitude eu alcanço. É assim que o outro nasce no próprio eu. Trata-se da economia pessoal, a qual é "uma economia paradoxal".[5]

Mas há outro paradoxo: para poder amar os outros, tenho de me amar e reconciliar comigo mesmo, porque os que são incapazes de amar a si mesmos não podem amar os outros. Para concluir, o autor explicita os caminhos para uma relação interpessoal que torne possível que cada membro do grupo familiar ou religioso se sinta plenamente referido ao outro e assumido pelos demais, mesmo que se trate de um caso difícil. Até o ponto em que essa relação, como é requerido por uma antropologia evangélica, mude-se em

---

[4] Ibidem, p. 111.
[5] BOFF, Leonardo. *Graça e experiência humana*. Petrópolis, Vozes, 1999.

uma qualificação do ser homem e ser cristão: alguém que é para os outros, como Cristo, o Senhor e Servo.

A partir de uma experiência pessoal concreta e dolorosa de fraternidade (porque não se dá a vida sem dor), o autor ensaia uma pedagogia das diferentes formas e atitudes de relação e encontro em um grupo fraterno: respeito, adaptação, perdão, aceitação, comunicação, acolhimento, diálogo. E tudo isso se resume no mandamento do amor e na virtude do serviço.

Para finalizar, vale destacar que, na escolha do título de seu livro, Larrañaga se baseou nestes versos de Pablo Neruda: "Suba para nascer comigo, irmão. Dê-me a mão desde a zona profunda da sua dor disseminada", porque sabia que todos somos chamados a nos redimir e renascer. Esse é o grande paradoxo da existência fraterna que Cristo veio instaurar.

Capítulo 7

O IRMÃO DE ASSIS

Sem dúvida, Francisco foi o santo mais privilegiado pela literatura de todos os tempos. Poucas décadas após sua morte, apareceram numerosos biógrafos e cronistas, dentre os quais testemunhas oculares dos fatos.

Essa tradição de narrativas e crônicas franciscanas se prolongou por muitos séculos. Em alguns casos, constituiu uma verdadeira recriação da história com memória viva dos fatos, como, por exemplo, *Florinhas de são Francisco de Assis e seus companheiros,*[1] o livro mais divulgado entre as fontes franciscanas primitivas.

Essa tradição foi transmitida como uma herança entre as diversas famílias franciscanas. Mas, em relação ao próprio Francisco, não houve grande divulgação de seus feitos até o século 19, quando se iniciou a época das famosas biografias sobre ele. A primeira delas data de 1894 e foi escrita por Paul Sabatier, mas não perdeu nada de seu vigor e frescor; na realidade, é considerada uma obra-prima e um clássico do gênero. Posteriormente, entre as biografias notáveis, destacam-se as de Johannes Joergensen, Omer Englebert, Arnaldo Fortini, V. Facchinetti, L. Sarasola e Raúl Manselli. Mais tarde, alguns escritores famosos, como Chesterton, Nikos Kazantzakis e Julien Green também escreveram sobre a vida de Francisco utilizando a livre adaptação.

Recentemente, surgiram várias obras, também de caráter biográfico, que implicam uma releitura teológica e espiritual moderna de são Francisco. Entre essas, destacam-se *Sabedoria de um pobre*, de Eloi Leclerc, e *Francisco de Assis, ternura e vigor*, de Leonardo Boff, bem como outras que antecipam uma interessante perspectiva recriadora da história e do acontecimento franciscano por meio dos discípulos imediatos do santo.

---

[1] Autor desconhecido. Editorial Fransciscana, século 14.

As obras citadas de Boff e Leclerc (e devemos acrescentar também aqui *O irmão de Assis*, de Inácio Larrañaga) constituem o que o teólogo João Batista Metz classificou de "memória perigosa", isto é, uma releitura profética e um desafio que surgem do "próprio potencial subversivo da recordação".[2]

Nos últimos anos, teólogos e pensadores cristãos, entre os quais J. B. Metz e Hans Us von Balthasar, insistiram na importância de recuperar a dimensão narrativa da fé, tão peculiar na tradição judaico-cristã. Sua atitude foi fundamentada não pela nostalgia em relação ao passado, mas sim como a melhor maneira de revitalizar a teologia, que "perdeu sua inocência narrativa",[3] e de reencontrar as experiências primárias e originais da fé, além de ser forma privilegiada de divulgação daquilo que se vive e em que se crê.

Pode ser que o franciscanismo também tenha perdido sua inocência narrativa, posto que, ao longo do século 20, a narração (o *mythos*) foi se transformando em interpretação e reflexão (o *logos*). Ao mesmo tempo, e com raras exceções, a tradicional narrativa franciscana não teve expressões mais significativas nos últimos decênios.

Um livro-testemunho

O irmão de Assis é o título do quarto livro de Larrañaga (1979). De acordo com o autor, é o livro mais seu, porque se trata de uma biografia de são Francisco, que, de alguma maneira, passou por sua experiência de vida. Escrito em pouco mais de dois meses, é o fruto de anos de recordar, viver e transmitir o exemplo de são Francisco e a espiritualidade franciscana.

---

[2] METZ, J. B. *Concilium*, n. 76, 1972, p. 323.
[3] SPINSANTI, S. *Nuevo diccionario de espiritualidad*, Madri, 1983.

É uma experiência profunda porque, apesar de seguir os passos essenciais da vida do santo (de acordo com os dados dos biógrafos primitivos), trata-se, sobretudo, de uma exploração de seu itinerário interior. Além disso, é também uma releitura íntima, mas não subjetiva, da experiência de Deus a partir da própria experiência humana e espiritual do autor, a própria "memória" de são Francisco. Nesse aspecto, estão a novidade e a originalidade do livro, assim como sua notável repercussão, não inferior à de suas demais obras, ainda que, sob o ponto de vista literário, se possa desejar um tratamento mais rigoroso e definido nessa linha.

São Francisco de Assis não é somente um mito estático no tempo, mas uma personalidade viva e atual, capaz de permitir novas releituras e aproximações, não só estruturais e históricas, mas também espirituais e místicas. Isso ocorre por seu arquetípico ou por sua projeção mítica e simbólica.

Sem dúvida, *O irmão de Assis* não apresenta novidades (nem quer isso) para a hagiografia franciscana, a não ser que é um livro comprometido, uma "memória perigosa" de são Francisco. Assim, foi concebido por diversos leitores (como nos consta amplamente) não só como fonte de inspiração para a vida cristã, mas também como fator de transformação.

Se, de algum modo, os autores devem se comprometer com suas obras, *O irmão de Assis* cumpre muito bem esse objetivo, porque Larrañaga está refletido amplamente nele, o que é fácil de perceber mesmo entre os que não estão familiarizados com seu estilo. Ao longo das páginas, o leitor percebe que seu objetivo não foi simplesmente escrever uma biografia de são Francisco, exaltar suas virtudes e cantar seus louvores, mas principalmente acompanhá-lo em seu caminho de ascensão para Deus; com isso, quis demonstrar que o trajeto escolhido é o do amor, da liberdade, da simplicidade, da alegria e da paz, enfim, o caminho franciscano e, certamente, cristão.

Para alcançar seu propósito, Larrañaga pesquisou diversas fontes biográficas primitivas, mas também se inspirou na própria experiência da caminhada, já que pôde experimentá-lo e comprová-lo em sua trajetória de vida.

Por isso, não é de estranhar que, muitas vezes, o autor "recrie" a história, às vezes de maneira muito feliz, incorporando-lhe diversos elementos. Essa livre adaptação foi utilizada por diversos autores, entre os quais Eloi Leclerc (*Sabedoria de um pobre* e *Exílio e ternura*) e Nikos Kazantzakis (*O pobre de Deus*), ainda que este último em uma perspectiva mais humanista e leiga, embora, muitas vezes, bem sugestiva.

A releitura essencial de são Francisco, como a de qualquer outro santo, só é válida se for criativa e mostrar-se eficaz para nos aproximarmos de seu "mistério" pessoal, abrindo novas perspectivas rumo à revitalização da hagiografia. Nos últimos tempos, a repercussão alcançada por obras como as citadas anteriormente e outras de características semelhantes demonstra a abertura de um caminho ainda pouco explorado para uma nova epistemologia dos modelos de santidade, enquanto são mediações privilegiadas para revelar e transmitir o mistério ao homem da atualidade.

Na impossibilidade de seguir fielmente os fatos históricos da vida de Francisco (como são recordados por Larrañaga), vamos nos limitar a indicar alguns aspectos significativos de sua biografia.

O caminho da gratuidade

Francisco nasceu entre 1181 e 1182, em Assis (Itália). Filho de Pedro Bernardone, próspero comerciante de tecidos, e de dona Pica,[4] era um jovem idealista que, subitamente, se viu diante da fragilidade de seus sonhos juvenis e da própria insegurança e confusão interior.

Trata-se de uma crise de identidade que se iniciou no período de permanência no cárcere de Perusa e da longa enfermidade que o acometeu logo depois. Esse conflito se aprofundou ao longo dos anos de ensimesmamento e de purificação interior, apesar de ainda se aferrar a seus sonhos; até que, na cidade de Espoleto, teve a primeira "visita de Deus".

A partir daí, seus sonhos se revestiram de uma nova luz (o que Larrañaga chama de "gratuidade infusa extraordinária"), que o deixou trêmulo e vibrante de emoção, como se fosse sacudido por uma ventania, mas repleto de uma estranha serenidade e de uma paz desconhecida. Foi sua primeira experiência imediata de Deus, em que era chamado a servir a um senhor cujo prêmio era ele mesmo. No entanto, essa gratuidade era algo que, naquele momento, ainda lhe era incompreensível.

Pouco tempo depois, em Assis, enquanto acompanhava (sem muito entusiasmo) seus jovens amigos nos folguedos pelas ruas, ocorreu-lhe a segunda visita. Na ocasião, ficou literalmente paralisado. Após essa fase, acentuou-se sua tendência para a instrospeção, ao mesmo tempo que se tornou receptivo ao ambiente suburbano de Assis, representado pelos mendigos, hansenianos,

---

[4] Acréscimo do Editor.

marginalizados e desprezados. Naquele momento, sua capacidade de extrapolação (inscrita em seu código genético) estava sendo purificada dos apegos românticos. Entretanto, seu íntimo centrava-se na contemplação de Deus, que tinha invadido sua consciência de modo explosivo e implosivo.

Uma terceira visita (que os psicólogos definem como fala interior, identificada com uma voz que se sente ressoar no fundo da consciência) deu-se na capela de São Damião. Após chamá-lo pelo nome, o Cristo bizantino, que permanecia intacto em meio às ruínas da igrejinha, mandou que Francisco restaurasse sua igreja, o que ele começou a fazer febrilmente. A partir de então, o rosto do Senhor, majestoso e sereno, se perfilou em seu interior, dando-lhe um novo sentido à busca.

A partir daí, Francisco passou a realizar gestos aparentemente gratuitos e sem sentido, e até um tanto teatrais, como, por exemplo, experimentar ser mendigo por um dia, trocando de roupa com um deles e comendo (mesmo com certa repugnância) na mesma tigela. Posteriormente, enquanto cavalgava por uma estrada, ele se deparou com um hanseniano; após a aversão inicial, desceu do cavalo e abraçou o homem.

No ritmo da própria evolução interior, Francisco realizava um progresso a partir de si mesmo, do próprio eu não-autêntico e artificial, para o outro e os outros, descobrindo, com uma clareza cada vez maior, o próprio mistério pessoal. Mas a ruptura definitiva com o antigo padrão de vida foi realizada publicamente, na ocasião em que, após despojar-se das roupas diante do pai, do bispo e do povo de Assis, refugiou-se nu no regaço da Mãe-Deus.

> Deus lhe gritou do abismo: Pula! E o irmão pulou, sem pensar duas vezes. O Senhor chamou-o da treva, dizendo: Vem, meu

filho. E o irmão meteu-se, sem vacilar, pela treva adentro. Foi uma fé única, uma confiança única. Foi aquela fé que transporta montanhas: fé de criança, fé adulta.[5]

A partir de então, Francisco compreendeu qual era a recompensa que lhe fora prometida em Espoleto. Tudo começava a fazer sentido.

Todo o processo da conversão de Francisco em *O irmão de Assis* está marcado pela gratuidade, em resposta ao "dom gratuito de Deus" (cf. Rm 6,23). "O Senhor me concedeu a mim, irmão Francisco, começar...", diz em seu testamento, tentando resumir em poucas palavras a razão e o sentido de sua vida.

A espontaneidade e a generosidade com que ele responde sim ao dom de Deus têm esse caráter gratuito e, por isso mesmo, desconcertante. Essa também é a razão da teatralidade de seus gestos, que mais parecem ações simbólicas que fatos reais. Isso marcaria toda sua existência, caracterizada pela maior dimensão estética entre todas as existências dos santos.

Com base na atitude de Francisco em relação a Deus e às criaturas, e também na própria experiência pessoal (ainda que de maneira implícita), Larrañaga vai repetir esse fato diversas vezes em seu livro.

Na mesma linha, o autor coloca forte acentuação na conversão de Francisco como um processo de interiorização da experiência de Deus e do encontro com ele na intimidade da consciência. Esse enfoque deixa de lado a possível consciência simultânea, já que não prioritária, de Francisco sobre a crise e o desmoronamento do

---

[5] *O irmão de Assis*. 16. ed. São Paulo, Paulinas, 2005. p. 121.

Presença da mulher e da mãe

A seguir, Larranãga define o relacionamento entre Francisco e dona Pica:

> Havia uma afinidade profunda entre mãe e filho e circulava entre eles uma corrente cálida de simpatia e de comunicação. Há filhos que não parecem fruto de suas mães. Mas às vezes são tão parecidos que não há entre eles nenhuma outra separação senão uma sutil membrana de cristal: reflexos, impulsos, reações, ideais, são idênticos em tudo.[6]

Inspirado na delicada e discreta figura materna, Francisco desenvolveu os traços mais característicos de sua personalidade. Sempre que pensava no mais belo, amável e delicado, lembrava-se de dona Pica, modelo de solicitude fraterna, entrega generosa e amor oblativo. Para o autor, a mulher é infinitamente mais capaz de exprimir o amor oblativo que o homem, e esse sentimento é a resposta mais perfeita para a gratuidade de Deus.

De acordo com a obra, dona Pica remete simbolicamente a Maria, mãe de Jesus, na perspectiva de *O silêncio de Maria*. A mãe de Francisco também está implícita e subentendida ao longo da vida do filho, como Maria na vida pública de Jesus.

De modo semelhante ao próprio Jesus, no livro de Larrañaga a pedagogia de Francisco para com seus seguidores está carregada

---

[6] Ibidem, p. 47.

de ressonâncias maternas, inspirando algumas de suas iniciativas mais originais, relações pessoais e escritos.

Ao longo da narrativa, pode-se perceber seu desejo de que os irmãos fossem "mães" uns dos outros, especialmente quando se retiravam para a solidão dos eremitérios. Isso os preparava para a vida na fecundidade do coração puro e da adesão a Cristo irmão.

"Meu filho, eu te escrevo como uma mãe a seu menino", escrevia Francisco a seu bem-amado frei Leão.[7] Nessas palavras, estava subentendida a figura materna. Desse modo, seus seguidores (em especial os mais íntimos) o viam mais como uma mãe que como um irmão. Era como se todos tivessem retornado ao seio materno, recuperado com cem por cento de liberdade e, ao mesmo tempo, de segurança. Por isso, é perfeitamente compreensível por que Francisco se dirige poucas vezes a Deus como Pai, o qual poderia ser invocado também como mãe.[8]

Já citamos anteriormente a piedade mariana de Francisco. Com tons de contida ternura, esta se concentra, de maneira preponderante e surpreendente para a época, na maternidade de Maria.

Assim como Francisco, Larrañaga sempre atribuiu um lugar privilegiado à mulher em sua pregação e em seus escritos, na perspectiva de Maria como primeira e privilegiada depositária da salvação.

> A mulher, irmão Leão, está sempre em contato com a terra e a vida. E não te assustes com o que vou dizer: Deus, por ser fonte da vida, está mais perto da mulher, e ela mais perto de Deus.[9]

---

[7] Ibidem, p. 382
[8] Ibidem, p. 25
[9] Ibidem, p. 382.

Tanto Clara de Assis como a jovem dama romana Jacoba de Settesoli também tiveram um lugar privilegiado no coração de Francisco, o que pode ser comprovado em *O irmão de Assis*. Por serem suas irmãs-amigas-mães, ele as distingue com um afeto singular, mantendo sempre uma respeitosa e dolorosa distância da primeira, como virgem consagrada ao Senhor, e demonstrando uma delicada ternura e familiaridade com a segunda, bela e discreta, a quem chamava de "irmão" Jacoba.

A presença da mulher-irmã-mãe está em evidenciada em *O irmão de Assis*, porque sempre esteve presente na vida de Francisco e também na do autor.

"Deus é, e basta"

Na vida de Francisco de Assis, Deus sempre foi uma grande presença, a base de todo o restante. "Deus passou por suas latitudes. Deus tocou este homem. Deus passou sobre esse homem."[10]

Por isso, o mistério de Francisco só pode ser interpretado a partir desta constatação: "Deus é". Os sonhos ou visitas de Deus são a irrupção da gratuidade absoluta do espírito de Francisco, e, por isso, inesperada, surpreendente, vivíssima. Isso ocorre com todos os grandes profetas no começo de sua missão: "Diga aos israelitas: 'Eu sou' envia-me a vós" (Ex 3,14).

O primeiro impulso de um homem assim invadido pela Presença Gratuita é esconder-se, retirar-se para a solidão, para ruminar a graça recebida. Além disso, está preparado para travar a batalha entre resistir e submeter-se sozinho e sem testemunhas. Na época de

---

[10] Ibidem, p. 19.

sua conversão, embora com marcas no rosto (causadas pelas lutas com os anjos), Francisco saía radiante dos longos períodos de solidão, na escuridão das grutas, como testemunham os biógrafos.

A tendência para o isolamento e a solidão era muito forte em Francisco, mesmo antes de sua conversão. Com o tempo, essa inclinação passaria a ser uma tentação constante. Essa também era uma das orientações do espírito cavalheiresco medieval, como a veneração da mulher, o amor pela natureza, a alegria de viver; e também a defesa dos pobres e dos necessitados. A graça só teve de orientar o espírito cavalheiresco de Francisco para que se tornasse um "novo cavaleiro de Cristo" (cf. 1Cor 1).

Mas havia em seu temperamento um instinto impulsivo de rejeição a tudo que lhe parecesse disforme, como, por exemplo, a mulher corcunda com que se deparava quase todos os dias em Assis, bem como os hansenianos. Foi o Senhor quem o "levou" (Test 2) para o meio deles, despertando-lhe um extraordinário dinamismo para seu ambiente concreto e existencial, principalmente em relação às criaturas mais desvalidas e necessitadas de cuidado. Com o tempo, envolveu-se totalmente com os mais necessitados e chegou à conclusão de que, nas relações humanas, o que funciona são os pólos de atração individuais, que variam entre as pessoas.[11]

De maneira especial, isso acabaria definindo seu modo de estar no mundo. No início de sua obra, quando se reunia com os primeiros companheiros, Francisco dizia: "Meus filhos, se não se irradia, o espírito de Deus deixa de ser força e vida".[12]

---

[11] Ibidem, p. 108.
[12] Ibidem, p. 150.

O IRMÃO DE ASSIS

A partir dessa recuperação do gosto pela solidão e pela intimidade com Deus, ele os conduzia seguidas vezes para a intempérie, "para conseguir o que comer na mesa do Senhor".[13]

No entanto, ele mesmo sentia a urgência de retroceder. Não era apenas um apetite de estar a sós com Deus, mas sim um desejo que brotava das raízes, uma irrenunciável avidez de intimidade e comunhão com Deus na solidão. Essa contradição foi bem destacada por Larrañaga em *O irmão de Assis*, como, aliás, em *Mostra-me o teu rosto* e em sua pedagogia de Deus.

Era como se, na solidão das montanhas e na escuridão das grutas, ele pudesse sentir a presença explosiva e implosiva de Deus, que invadia os territórios interiores de Francisco e alargava suas fronteiras, até converter-se em horizonte da própria vida. Com essa luz invasora e reveladora de sua mais oculta intimidade, talvez para além de sua consciência, Francisco sentia-se acabrunhado por sua pequenez, repetindo constantemente: "Quem és tu e quem sou eu?".[14]

Apesar de ser um homem profundamente reconciliado com ele mesmo, à medida que a fraternidade foi crescendo, sentiu que seu íntimo estava sendo invadido por um sutil desassossego, experimentado quando recebera os primeiros companheiros. No entanto, naquele momento, sua perturbação estava prestes a transbordar. Freqüentemente, tranqüilizava-se com estas palavras do Senhor: "Francisco, filho de Assis. Acredita em mim. Espera em mim".[15] No entanto, nem ele sabia que, um dia, iria estourar uma tempestade no seu interior.

---

[13] Ibidem, p. 176.
[14] Ibidem, p. 326.
[15] Ibidem, p. 166.

133

Estava entrevendo a complexidade de seu destino: a única coisa que queria era observar o Evangelho do Senhor Jesus Cristo. E, de alguma região não remida de sua personalidade, subia até sua consciência um calafrio de temor e insegurança, que o levou às raias da angústia.

Sabia que, mesmo com o desassossego instalado no mundo da consciência, não podia deixar que o sentimento de perturbação o dominasse. Então, refugiava-se confiante nos braços de Deus. Nesses momentos, podia ouvir a voz clara e distinta do Senhor: "Eu serei teu descanso e tua força, tua segurança, tua alegria, tua ternura, teu pai, tua mãe".[16]

Todavia, e se essa voz deixasse de ressoar no seu interior? A fraternidade se expandia cada vez mais; em conseqüência, os irmãos haviam recorrido a Roma para submeter sua norma de vida à aprovação da Igreja. Organizar-se, submeter seu espírito de espontaneidade e liberdade evangélica a um estatuto jurídico, nada era mais contraditório ao próprio espírito de Francisco. Mas ele tinha um coração católico até a medula.

Com o passar do tempo, chegavam novos irmãos; logo, era um grupo numeroso. Em contrapartida, aumentava o desassossego interior de Francisco, que novamente invadia o campo de sua consciência, sem que pudesse evitá-lo. Mas ele se refugiava no Senhor Deus, e vencia cada prova envolto em novas claridades.

Reservado, Francisco só revelava sua intimidade a frei Leão, seu amigo, confidente e confessor. Mas chegou um momento em que a fraternidade se expandiu até limites jamais suspeitados; com o ingresso de numerosos letrados e clérigos, não demorou para que

---

[16] Ibidem, p. 177.

estes sugerissem a necessidade de reorganizá-la sobre bases mais sólidas, para assegurar-lhe a eficiência e a continuidade.

Embora tivessem razão, Francisco não conseguia compreender essa questão. Jamais havia pensado em criar uma poderosa instituição a serviço da Igreja; queria somente que os irmãos fossem os menores no interior dessa instituição, vivendo o Evangelho em pobreza e humildade. Mas a própria Igreja estava dando razão aos letrados e aos novos ministros responsáveis pela fraternidade. Embora sua principal característica fosse a eficácia, a de Francisco era outra, a gratuidade, na qual se apoiavam sua vida e sua espiritualidade.

Com isso, o espírito de Francisco começou a se povoar de interrogações, e o desassossego interior afundou-o em um desconcerto visceral. Pela primeira vez, seus seguidores mais íntimos o viram muito sombrio e angustiado.

Era a hora da prova definitiva, a noite do espírito, essa "tempestuosa e horrenda noite" (são João da Cruz). Com estas palavras, resumia seu Getsêmani: "Sinto uma tristeza mortal!" (Mt 26,38a).

Naquele momento, parecia que até mesmo Deus estava em silêncio; em vão, ele aprimorava os ouvidos para escutar sua voz. O que poderia fazer? Ao optar pelo silêncio, seus temores e apreensões o açoitavam outra vez, sem piedade. Além disso, não podia se calar, pois o que estava em jogo não era seu prestígio, mas a honra de Deus; não sua norma de vida, mas o próprio Evangelho.

Então, levou suas inquietudes ao cardeal Hugolino, por quem nutria uma profunda amizade, e lhe expôs suas preocupações. Mas o religioso nem o deixou terminar seu discurso, questionando-o:

"Quem é o homem para comparar-se com Deus? [...]. Francisco, nós somos filhos do barro. É coisa de que não temos de nos envergonhar, apenas reconhecer!".[17]

Naquele instante, pela primeira vez após sua conversão, ele sentiu o gosto amargo do fracasso, de que suas mais íntimas convicções e a forma de vida evangélica a que tinha arrastado seus irmãos estavam desmoronando como um castelo feito de cartas de baralho. Tudo o que fizera havia sido inútil. Sua pretensão de observar o Evangelho ao pé da letra não passava de mais um sonho. No entanto, em sua vida, ele mesmo não havia sido um sonhador?

Essa crise durou longos meses. Nesse período, os ministros e letrados estavam organizando a fraternidade e transformando-a em um baluarte da Igreja. Francisco lutou com todas as suas forças para defender seu ideal, que, na realidade, era o próprio Evangelho. Mas, pouco a pouco, sua vontade foi se dobrando e parecia diminuir cada vez mais, até quase desaparecer. Tamanho foi seu alquebramento, que alguns irmãos até espalharam o boato de sua morte.

"Essas montanhas me fazem bem, irmão Leão" – disse Francisco. "A gente respira a paz, e Deus é tão concreto que quase se pode tocá-lo".[18] Naquele momento, irmão Leão viu o rosto de Francisco se iluminar, manifestando uma profunda paz; em sua consciência, ressoavam estas palavras de Clara: "Irmão Francisco, Deus é, e basta. Esta é a perfeita alegria".[19] Naquela mesma noite, também voltara a ouvir a voz de Deus:

Por que te perturbas, pobrezinho? Eu sou o que te fez pastor...
Eu sou o arrimo e a viga mestra... Eu sou o que te confiou esse

---

[17] Ibidem, p. 261.
[18] Ibidem, p. 286.
[19] Ibidem, p. 295.

rebanho... Eu sou o que te escolheu... Eu sou o que te há de defender e preservar.[20]

Naquele momento, descobriu o real significado de ser pobre e menor. A irmã Clara também o havia lembrado: "Para a perfeita alegria, só te falta uma coisa: desapegar-te da obra de Deus e ficar só com o próprio Deus, completamente despojado".[21] Em outras palavras, isso significava negar a si mesmo, até as mais firmes razões, apequenar-se, até desaparecer. Não era isso seguir os passos de nosso Senhor Jesus Cristo até o fim?

A partir da perfeita alegria e da paz recuperada, Francisco voltou a abraçar seus irmãos individualmente, cada um com suas razões, limitações e buscas. Agora eles percorriam os próprios caminhos. Com que direito poderia impor-lhes o que ele mesmo só tinha conseguido descobrir após um longo e doloroso percurso?

– Dize, frei Leão, qual é o mais belo atributo de Deus?

– O amor – respondeu frei Leão.

– Não é – disse Francisco.

– A sabedoria – respondeu Leão.

– Não é. Escreve, irmão Leão: a pérola mais rara e preciosa da coroa de Deus é a paciência.[22]

A cada dia, seu espírito ia se expandindo, até abarcar os limites do universo e se fundir em um ato de adoração pura com o um e com todos: "Meu Deus e meu tudo".

---

[20] Ibidem, p. 300.
[21] Ibidem, p. 295.
[22] Ibidem, p. 344.

Até que, no monte Alverne, Francisco teve a visão de um Serafim alado com traços semelhantes ao rosto de Cristo. Naquele momento, sentiu como se um raio caísse sobre ele. Então, em seu corpo enfraquecido e martirizado pela penitência e pela enfermidade, foram impressos os estigmas da Paixão, que lhe traspassaram as mãos, os pés e o lado direito. Faleceu em 4 de outubro de 1226 (dois anos após o recebimento dos estigmas). Foi canonizado em 16 de julho de 1228, pelo papa Gregório IX.[23]

---

[23] Acréscimo do Editor.

Capítulo 8

SOFRIMENTO E PAZ

Nos longos anos de caminhada pelo mundo, Inácio Larrañaga tem-se deparado com várias pessoas crucificadas pelo sofrimento, muitas vezes irracional e subjetivo. Segundo Erich Fromm, com freqüência, esse estado emocional é um produto da mente humana, que é tanto bênção como maldição.

"O que fazer para que a mente humana seja fonte só de toda bênção?",[1] pergunta-se o autor no capítulo inicial do livro *Sofrimento e paz*. Aqui, é conveniente mencionar que o objetivo desta obra é ser uma resposta a tal questionamento.

"Faz anos que procuro e ensino (como é que vou dizer, terapias?) para arrancar homens e mulheres dos poços profundos em que se meteram."[2] Desde a vulgar melancolia até a depressão, o mal do espírito (característico da segunda metade do século 20, como a angústia foi da primeira), e toda a variedade das demais doenças da psique, hoje tornam infelizes tantos homens e mulheres, sem excluir religiosos e clérigos, não poucas vezes contra toda razão e evidência.

Em seus diagnósticos e análises das muitas formas de sofrimento, Larrañaga parte da própria experiência acumulada pela convivência com diversas pessoas. Mas também estabeleceu contato com a literatura mais atual sobre esses subprodutos de civilização pós-moderna, que encontram o homem mais inerme e desvalido que nunca, ao que parece, diante de todo tipo de ameaças, tanto internas como externas.

Inicialmente, o autor apresenta aos leitores alguns "amigos de caminhada",[3] que, como tantos anjos de Deus, lhes acompanham ao longo do processo, até introduzi-los no reino da serenidade e da paz:

---

[1] *Sofrimento e paz*: para uma libertação pessoal. 18. ed. Petrópolis, Vozes, 2000.
[2] Ibidem, p. 11.
[3] Ibidem, pp. 20-32.

a) *Salvar a si mesmo*, isto é, crer na própria capacidade de salvação, porque o homem pode muito mais que imagina.

b) *Despertar*, que é o primeiro ato de salvação, isto é, ver objetivamente a realidade, não somente por meio dos prismas de desejos e apreensões, sonhos e temores. Vale ressaltar que esse despertar é um prenúncio da derrota do sofrimento.

c) *Ter paciência*, praticando a pedagogia dos pequenos passos, a aprendizagem da autodisciplina, o controle da mente e também do instinto. Aqui, o inimigo é a ansiedade.

d) Utilizar o *poder da mente* para submetê-la e comandá-la, em vez de se deixar escravizar por ela.

A partir de uma análise extensa e minuciosa, o autor aborda a etiologia e o diagnóstico dos principais inimigos do homem contemporâneo, os quais sempre é possível transformar em fontes de paz: desgostos, fracassos, impotências e limitações, obsessões, angústia, depressão, o outro como inimigo. Após identificá-los e surpreendê-los (até em seus mais secretos redutos), vai treinando o leitor na arte de controlá-los e dominá-los.

Com uma clara e convincente pedagogia (que praticou e ensinou por muito tempo), o autor instrui os leitores a enfrentarem as situações-limite, os fatos consumados, os impossíveis. Além disso, afirma que quem for capaz de aceitar as próprias limitações diante dos acontecimentos, está na metade do caminho da libertação.

Aceitar a si mesmo sem revoltas nem ansiedades, o passado, a história pessoal (por mais obscura que seja); enfrentar as enfermidades e a perspectiva da morte, e de qualquer outra limitação, com serenidade; superar a dispersão, o desassossego, a rotina, em uma lenta e paciente busca da integração e unidade interior: será que tudo isso não é um verdadeiro exercício ascético, uma ascese antropológica (se quisermos), indispensável hoje para alcançar uma verdadeira expansão do eu autêntico e uma maturidade espiritual?

Aqui, o autor não se refere à ascese, mas sim à libertação interior. Os meios propostos são uma série de avisos e terapias destinados a fechar as portas aos inimigos internos mais poderosos do homem, como, por exemplo, as obsessões, a angústia, a depressão.

As obsessões desencadeiam processos perturbadores, que freqüentemente provocam uma espécie de agonia; no campo religioso, costumam gerar dolorosos complexos de culpa. De origem psicológica, a angústia provoca uma tensão interior intolerável nos que a sentem. De qualquer modo, é um poderoso fator de perturbação psíquica.

Como Larrañaga constatou muitas vezes, tanto a obsessão quanto a angústia (ainda que suas manifestações mais agudas requeiram um tratamento clínico) podem ser notavelmente aliviadas, a partir de determinadas técnicas de relaxamento, concentração e esquecimento (mencionadas nesta obra). Isso ocorre com base nas precauções e cautelas detalhadas na introdução, aplicadas e recomendadas mais de uma vez em sua leitura.

Nos dias atuais, a doença mais disseminada no mundo é a depressão. Esta se identifica com um profundo e permanente estado de abatimento ou melancolia que envolve a pessoa em uma tristeza mórbida, inibindo-a de qualquer atividade vital. Vale citar que, atualmente, existem tratamentos mais eficazes e específicos para cada tipo de depressão.

É preciso notar que, no livro, o autor defende que a origem e o desenvolvimento das perturbações psíquicas estão na constituição genética e suas seqüelas nos processos de desenvolvimento da personalidade. Quanto a isso, e após uma ponderada análise dos processos biológicos, ele conclui que ninguém deve excluir uma boa porção de determinismo no desenvolvimento da personalidade e da consciência, que, em mais de uma ocasião, enfrentariam o homem com a contradição paulina: "Faço o que não quero", de que "podemos muito pouco", porque "a sabedoria consiste em aceitar em paz o fato de que podemos muito pouco, e em pôr em ação toda nossa capacidade de entusiasmo para render o máximo nesse pouco".

Na maioria das vezes, os complexos de superioridade se chocam com a realidade. No fundo, isso é uma tentativa de dissimulação do orgulho. Por esse motivo, o chamado do autor não é para que alguém despreze a si mesmo, mas sim busque a própria verdade interior e a objetividade, a fim de transformar a vida em uma Páscoa.

Extinto o "eu", apagam-se também aquelas emoções que eram, ao mesmo tempo, "mães" e "filhas" do "eu": temores, desejos, ansiedades, obsessões, prevenções, angústias... E, apagadas as chamas, nasce no interior um profundo descanso, uma grande serenidade.[4]

Vale ressaltar que, apesar de visar aos leitores descrentes ou céticos, a pedagogia indicativa do autor está centralizada no esforço humano. No entanto, no capítulo 3, as terapias que propõe e detalha, cuja eficácia foi amplamente comprovada, são nitidamente evangélicas, em especial pelo caráter libertador e porque seu objetivo é permitir que, nessas condições, o homem seja capaz de amar.

Em resumo, trata-se de uma proposta para libertar-se da ilusão do eu não-autêntico, fonte de todo sofrimento, e alcançar um equilíbrio ativo e combativo, simbolizados pela paixão e pela

---

[4] Ibidem, p. 114.

UMA AVENTURA DO ESPÍRITO

paz. A partir daí, o autor convida os leitores a minorarem tudo que é relativo, a libertar-se dos tentáculos apropriadores e cerceá-los, para encontrar a verdade sobre eles mesmos, isto é, a liberdade, e, assim, penetrar na grande corrente unitária, o reino do amor, porque "todos os pobres são sábios, e só os pobres são sábios porque só eles olham o mundo com olhos limpos, sem as interferências alucinantes do 'eu'".[5]

Posteriormente, o livro de Larrañaga se abre na perspectiva da fé, no aspecto do sofrimento no lugar do outro e no contexto do servo de Javé. O autor desenvolve amplamente essa temática com um olhar contemplativo e uma grande unção, propondo finalmente o caminho do abandono, como uma homenagem de silêncio ao Pai, repleta de amor e, por isso mesmo, de adoração pura. Esta não é mais que o próprio caminho de Cristo confrontado com sua missão e seu destino como o enviado do Pai e o Servidor que sofre, e, por conseguinte, um supremo ato de liberdade.

Em resumo, o objetivo final desta obra é fazer que o homem seja livre, e por isso mesmo feliz, para que se torne capaz de amar e libertar os demais, porque só os livres libertam, e o fazem sempre, mesmo sem pensar nisso.

Escrito ora em tom pedagógico (como é exigido pelo tema abordado), ora em tom profético, e mesmo coloquial e poético, este é o livro mais bem elaborado do autor. Isso pode ser verificado pelo interesse suscitado, pois, desde o ano de sua publicação (1994), já foram impressas mais de 400 edições em diversos idiomas.

---

[5] Ibidem, p. 119.

144

Capítulo 9

O POBRE DE NAZARÉ

"As coisas não são como são, mas como são lembradas." Essa sentença do escritor espanhol Ramón del Valle-Inclan predomina em *O Pobre de Nazaré*. Nesse livro, a proposta de Larrañaga não é simplesmente narrar a vida de Jesus, mas sim discorrer sobre a memória pessoal dele. Tanto que, após ter escrito numerosas páginas, o autor percebeu que o que tinha em mão não correspondia adequadamente a seu propósito, porque se assemelhava mais a uma narrativa biográfica sobre Jesus do que à memória viva da própria experiência do pobre de Nazaré, a qual se havia iniciado em sua juventude e principalmente nos últimos anos de formação no seminário.

Então decidiu recomeçar o trabalho de outro modo, pela singularidade e radicalidade da própria experiência de Deus de Jesus, por seu esvaziamento e ocultamento, por trinta anos, de um processo *kenótico* de absoluta inserção na normalidade e até na trivialidade e na escuridão da vida humana em uma oficina de carpinteiro em uma insignificante aldeia da Galiléia.

Por esse motivo, *O Pobre de Nazaré* não pode ser considerado simplesmente um relato da vida de Jesus, mas uma memória viva do homem Jesus, que, passo a passo, vai descobrindo em si mesmo a profundidade de sua condição humana como Filho bem-amado de Deus-Pai. A partir dessa experiência singular, vai-se revelando também sua missão essencial como o pobre de Deus na linha dos profetas bíblicos, em especial de Isaías.

Com base nessa proposta, surgiu o livro mais bem elaborado de Inácio Larrañaga do ponto de vista literário, com equilíbrio no uso das contribuições ou dados históricos e geográficos, das fontes evangélicas, freqüentemente relidas de maneira bem original, a partir da própria experiência de Cristo vivenciada pelo autor, e dos espaços de ficção que lhe permitem refazer, freqüentemente e com não pouca criatividade, algumas passagens evangélicas. Quanto a isso, vale destacar os diálogos de Jesus com diferentes pessoas, como, por exemplo, Maria, João Batista, Nicodemos, Pedro, a Samaritana, Judas, a voz e outros, além de seus ouvintes e interlocutores.

Esses diálogos ocupam quase um terço do texto; a partir deles, Jesus vai descobrindo o próprio mistério e se afirmando na consciência de sua missão, assim como suas próprias interrogações, à luz dos questionamentos, das expectativas e das frustrações de um ou outro de seus interlocutores. Tudo isso no contexto sociopolítico e messiânico dos judeus daquele tempo.

O *cantus firmus* (eixo ou núcleo) do livro é a pobreza dos *anawin*, ou pobres de Javé, capazes de orientar sua vida inteira para Deus, esvaziados de si mesmos, como fez Jesus, esquecido de sua condição divina e assumindo a condição humana até a profunda experiência da fragilidade e do desamparo total no fim de sua vida. Com isso, transforma-se no mais perfeito paradigma do pobre de Javé, personalidade arquetípica do que devia vir no fim dos tempos. Ao encarnar-se em uma figura histórica, faz-se presente e patente, por meio de sua pessoa, o mistério vivo do Pai e o caminho que vai do despojamento e da pobreza ao amor com seus frutos: a liberdade interior, a disponibilidade, a compaixão, o serviço.

Na sinagoga de Nazaré, Jesus leu o livro do profeta Isaías e acrescentou, como que definindo a si mesmo sua missão: "O Espírito do Senhor está sobre mim, pois ele me consagrou com a unção, para anunciar a Boa-Nova aos pobres: enviou-me para a libertação aos presos e, aos cegos, a recuperação da vista; para dar liberdade aos oprimidos e proclamar um ano de graça da parte do

Senhor. Hoje se cumpriu esta passagem da Escritura que acabaste de ouvir" (Lc 4,18-19.21b).

Essa liberdade do Espírito encarnada por Jesus impulsionou Larrañaga a criar este livro (como vinha fazendo nos anteriores) e a realizar sua atividade animadora em diversos países da América Latina e da Europa, em cujo centro está o Pobre (como o autor denomina Jesus ao longo da narrativa).

* * *

Em *O Pobre de Nazaré*, é impossível fazer uma apresentação adequada dos conteúdos ou do desenvolvimento temático, porque – se observarmos o essencial das fontes evangélicas – é um relato do autor na perspectiva da própria experiência pessoal do Pobre, com as iluminações e clarezas, até com as interrogações surgidas ao longo dos anos. Em resumo, é semelhante a uma consciência livre capaz de chegar às proximidades do mistério sem pressões doutrinárias ou de outra natureza; isso permite focalizar a personalidade e a mensagem de Jesus de maneira criativa. Por isso, vamos nos limitar a fazer um resumo das principais passagens e dos conteúdos mais significativos do livro.

A narrativa tem início com o episódio do encontro de Jesus no templo; de acordo com a mentalidade judaica da época, ele não era mais uma criança, mas um adolescente quase adulto. Além disso, ele não estava perdido, mas havia se encontrado com ele mesmo e com seu Pai, Deus: "Quando Maria e José o encontraram, Jesus respondeu: 'Por que me procuráveis? Não sabíeis que eu devo estar naquilo que é de meu Pai?'" (Lc 2,49).

Na ocasião, os pais não entenderam o conteúdo e o alcance dessas palavras. Quanto a nós, embora compreendamos a angústia de Maria, também não entendemos seu espanto perante a drástica e inconsulta decisão do filho. A partir desse fato, o autor se questiona se desvanecera o esplendor da anunciação do anjo a Maria no pó do caminho e na monotonia da vida cotidiana na aldeia de Nazaré.

"Jesus ia crescendo em sabedoria, tamanho e graça diante de Deus e dos homens" (Lc 2,52). Ele era o Filho de Deus por definição, mas sua divindade permanecia oculta. Usando uma expressão humana, poderíamos dizer que, dos códigos genéticos de sua divindade latente, vinha-lhe uma espécie de fogo que o incendiava interiormente até transfigurá-lo todo, como no alto do Tabor.

No entanto, ele se fez mais um entre os homens, mesmo sem o ser na realidade. Na adolescência, começou a ser e a se manifestar como o Pobre. De acordo com Larrañaga, não há título mais exato que este: o Grande Pobre.

Com base nessa perspectiva, o autor enfoca não só os 30 anos da vida oculta de Jesus, mas toda sua existência. O Único cingiu uma tripla coroa: a pobreza, a solidão, o silêncio; e, com esse diadema, mergulhou nas águas escuras do anonimato na quietude de uma longa noite, a ponto de – quando se afastou deles e começou a agir publicamente – seus concidadãos e familiares perguntarem maravilhados: "Não é este o filho de José?" (Lc 4,22b).

Sim, mas o filho mergulhou em toda a intensidade da experiência humana. No entanto, não sabemos – assim como os evangelistas – por que esteve submetido aos pais por trinta anos. Ele, cuja missão era tornar Deus presente com toda a sua vida, manifestou-se como o enviado do Senhor no período de aproximadamente dois anos (para alguns estudiosos, esse período é menor). Sobre isso,

Larrañaga se questiona: "Será que tudo isso encerrava alguma aterradora lição sobre a eficácia da ineficácia, sobre a utilidade da inutilidade?".[1]

De qualquer modo, é uma lição muito importante, a do próprio mistério da vida de Jesus como enviado de Deus, que abandona seu Filho à mercê dos poderes do mundo. A partir da profundidade de sua consciência habitada pelo Espírito, ele foi descobrindo sua missão, até converter-se no paradigma do Pobre de Deus para a eternidade.

É o grande paradoxo da revelação cristã: a *kénosis* da encarnação de Deus em Jesus Cristo, que relativiza nossos sonhos e nossa imaginação, nosso intelectualismo e uma fé e espiritualidade desencarnadas, nosso doutrinarismo e dogmatismo, às vezes tão afastados da realidade e das necessidades do homem concreto, por serem tão alheios ao Deus libertador de Jesus Cristo.

Toda a existência de Jesus, o Pobre por definição, é um paradoxo vivo, por meio do qual, de acordo com Dietrich Bonhöffer (um dos teólogos mais lúcidos de nosso tempo): "Deus se mostra impotente e fraco no mundo, e, desse modo, está perto de nós e nos ajuda".

Como todo jovem israelita, Jesus se alimentava assiduamente na espiritualidade do *Shemá*, que sintetizava a religiosidade de seu povo. Essa prece devia ser recitada duas vezes ao dia, porque era a expressão da religião do povo judeu, de sua fé em um Deus uno e único, Javé. Ao mesmo tempo, era a fé de Israel em seu destino singular, guiado por Javé.

---

[1] *O Pobre de Nazaré*. 9. ed. São Paulo, Loyola, 2005.

Além disso, ele freqüentava o templo, como todo fiel israelita. Como alimentava seu espírito com a assídua escuta dos textos sagrados da Bíblia, principalmente dos profetas, em que, desde as raízes mais profundas de seu ser de criatura de Deus privilegiada, para além do Deus absoluto do Sinai, o Deus outro, dono e senhor das consciências, foi descobrindo o Senhor escondido em seu íntimo, consubstanciado com a própria razão vital, seus sonhos e sua vontade de estar mergulhado no gozo da proximidade e da posse, da confiança e da ternura, como tinha sido previsto pelo profeta Oséias:

> Com sua grande sensibilidade, o Pobre foi mergulhando com freqüência e profundidade cada vez maiores nos encontros solitários com o Pai, geralmente de noite, e quase sempre nos morros e colinas que cercam Nazaré. Foi navegando de velas desdobradas pelos altos mares da ternura. A confiança para com seu Pai foi perdendo fronteiras e controles. Foi avançando mais e mais, cada vez mais além, para a profundidade total do Amor.[2]

Certa noite, do próprio centro de seu ser ou de sua consciência expandida até o extremo, surgiu uma palavra única, alheia a toda teologia e espiritualidade de Israel: *Abbá* (pai querido).

* * *

No âmbito familiar de Jesus, foi-se formando um clima repleto de hostilidade para com ele; até mesmo Maria estava desconcertada com a entrada do filho na idade adulta, vendo-o projetar-se "como um meteoro, cada vez mais distante, envolto em um mistério cada vez mais denso".[3] E era com apreensão que o via sair da casa paterna,

---

[2] Ibidem, pp. 38-39.
[3] Ibidem, p. 13.

às vezes por noites inteiras. Ela não teve logo uma clareza absoluta sobre o destino de seu filho (o que nem mesmo Jesus tivera). Isso se revelava a cada ano, por meio de um processo de descobrimento da sua consciência e de uma experiência de Deus que ultrapassava à dos próprios profetas de Israel e o levava a se situar na instituição judaica com uma grande liberdade, a do Espírito. E isso ocorria, com maior razão, porque os dirigentes da instituição estavam marcados por um legalismo e um ritualismo exacerbados.

O fato de Jesus ser solteiro (algo incomum em sua idade e na comunidade israelita), assim como as longas ausências de casa contribuíram para criar um clima de hostilidade, mesmo entre seus concidadãos de Nazaré.

De acordo com o autor:

> Para o homem, [o celibato] era um desatino inconcebível, que não se encaixava nos parâmetros mentais de um israelita, quase um atentado contra o mandamento fundamental de crescer e multiplicar-se dado por Deus à humanidade e contra a segurança interior do povo de Israel.[4]

Um dia, Jesus resolveu partir para sempre, a fim de se lançar no caminho que seguiria até os últimos anos de sua vida.

No início da trajetória, como se tudo estivesse escrito (e de fato estava), na margem do Jordão, João, o Batista, foi encontrá-lo. Com tons proféticos e repletos de profunda unção, ele falava do fogo, do machado na raiz da árvore, da justiça de Deus e da chegada do Reino. E também da iminência da vinda de um mensageiro, de um enviado.

---

[4] Ibidem, p. 26.

Originário do deserto, talvez do mosteiro de Qumran, o Batista proferia palavras inflamadas, que ressoaram na mente e no coração do Pobre como um trovão. Em uma noite, ambos ficaram frente a frente; a esse encontro, Larrañaga se refere com uma linguagem notavelmente expressiva, a partir da qual parece que se enfrentavam a mentalidade do Antigo Testamento (que preconiza a justiça e o desfio de Deus diante de um povo inflexível) e a do Novo (em que predominam o amor e a misericórdia).

Ao longo do livro, Larrañaga narra o desenvolvimento de uma relação muito próxima entre Jesus e João, ao redor do qual se reuniam multidões, atraídas por sua figura enigmática e por seu carisma profético. Na ocasião, havia se formado um grupo de seguidores mais próximos, uma comunidade de discípulos a qual até mesmo Jesus pode ter participado por algum tempo.

Até que um dia, Jesus também resolveu se submeter ao rito do batismo administrado por João. Mergulhando na corrente do Jordão como quem desce ao fundo da realidade de ser homem, ele recebeu na cabeça a água purificadora. Nesse momento, uma nuvem o envolveu, e o Espírito de Deus desceu sobre ele em forma de pomba. Então, do céu, veio uma voz, que dizia: "Este é o meu Filho muito amado; nele está meu pleno agrado" (Mt 3,17).

Aqui, pode-se afirmar que a simbologia da pomba e da voz que ressoou às margens do rio Jordão constituem uma metáfora dos desígnios de Deus para um grupo de homens habitados pelo Espírito que buscavam um tempo novo; e, mesmo sem o propor, uma verdadeira revolução religiosa. Tanto no aspecto religioso como no profano, a história confirma que toda mudança surge das bases da consciência de um ou mais homens movidos por um espírito de inquietude, capazes de mudar o rumo dos fatos.

* * *

No capítulo 3, após ser batizado por João, o Pobre sentiu uma imperiosa necessidade de se embrenhar no deserto, de chegar o mais rápido possível ao fundo do silêncio. E fez isso "arrastado pelos corcéis da alegria, uma alegria escura, inexplicável".[5]

Naquele local, Satã, o tentador, o aguardava. Nesse tempo, existia em Israel uma concepção triunfalista do Messias esperado, de acordo com a mentalidade zelota: guerreiro e triunfador, totalmente diferente da missão que Jesus tinha recebido como a mais preciosa herança dos profetas de Israel, principalmente de Isaías, e que parecia inscrita em seu código genético ou em sua natureza como o filho do Altíssimo, o que o próprio João tinha conseguido entrever: o servo de Javé, pobre e humilde.

Gradativamente, essa consciência encarnou-se no espírito de Jesus, que logo reagiria duramente perante Pedro, quando este lhe suplicou que desistisse daquela idéia. Em sua vida, nem tudo lhe "caiu do céu" e, sem dúvida, essa idéia do servidor que sofre não deve ter sido fácil para ele diante da mentalidade reinante de um messianismo triunfalista e gratificante, de um Messias vitorioso e coroado de glória.

É o que o tentador sugeria a Jesus no mais íntimo de sua consciência, porque ele também estava sujeito à tentação, por mais que nos pareça difícil compreender em que grau as tentações do maligno poderiam comprometer sua consciência e sua capacidade de discernir, justamente no que consistia a essência de sua missão como enviado de Deus e, ao mesmo tempo, como homem livre. Desse modo, Larrañaga desenvolve a narrativa

---

[5] Ibidem, p. 71.

O POBRE DE NAZARÉ

evangélica em um diálogo denso e eficaz com o "outro", o interlocutor inesperado.

O Pobre retornou do deserto "feliz como um amanhecer".[6] Em Betânia (distrito de Peréia, jurisdição de Herodes Antipas), Jesus reencontrou João rodeado de seus discípulos; no local, permaneceu por algumas semanas (ou talvez meses). Ao vê-lo, o Batista apontou em sua direção, dizendo: "Eis o Cordeiro de Deus, aquele que tira o pecado do mundo" (Jo 1,29b). Essa declaração fez que alguns dos discípulos galileus de João seguissem Jesus, em quem acreditaram ter descoberto o Messias esperado.

Esses galileus e outros seguidores de João não deixavam de ter preocupações político-militares até com o Messias esperado. E o próprio movimento de João estava na mira das autoridades romanas, que logo identificariam também Jesus com um perigoso herdeiro dos ideais do Batista.

Depois de voltar para a Galiléia com os primeiros discípulos, Jesus iniciou sua chamada vida pública nos arredores do lago de Genesaré, tendo como base Cafarnaum.

* * *

No capítulo 4, Inácio Larrañaga descreve o início da atividade apostólica de Jesus com profusão e precisão de dados, destacando as Bodas de Caná, o reencontro com Maria, sua mãe, Nicodemos e a samaritana, inserido em uma adequada e sóbria contextualização.

Na cidade de Caná, o banquete de casamento foi como uma metáfora do Reino de Deus, um tempo de celebração e festa, em que Maria estava presente e atenta às necessidades dos convidados.

---

[6] Ibidem, p. 71.

155

Ao perceber a falta do vinho, ela fala a Jesus: "Eles não têm mais vinho!"(Jo 2,3b). Então, Jesus responde: "Mulher, que é isso, para mim e para ti? A minha hora ainda não chegou" (Jo 2,4). Apesar do tom das palavras do filho, ela pediu que os empregados fizessem tudo o que Jesus mandasse. Então, o milagre foi realizado.

No capítulo 5, Larrañaga vai penetrando no espírito do Pobre, pelo caminho que vai da pobreza ao amor, o do homem livre e, por isso, disponível e servidor, que se torna cada vez mais claro. Por dois anos, Jesus continuou com as viagens apostólicas em torno do lago de Genesaré, de aldeia em aldeia, primeiro nas sinagogas e depois ao ar livre; nesse período, anunciava o Reino de Deus, revelando-lhes o Pai, ponto de apoio e referência absoluta de sua mensagem, acolhendo compassivamente e privilegiando os bem pobres e doentes, cada vez mais numerosos a seu redor.

Vale ressaltar que, aos textos evangélicos, Larrañaga insere a própria linguagem, a qual modifica de improviso, a partir da própria experiência de Deus e de Jesus Cristo. Isso pode ser comprovado neste trecho:

> Vou mostrar-lhes – pensava – as ladeiras mais secretas do meu coração, onde está escrito o nome de meu Pai. Vou revelar os segredos mais recônditos de minha alma.[7]

Posteriormente, escreve:

> Hoje podem acontecer coisas nunca vistas. Levantem uma pedra qualquer e vão se encontrar com o Pai. Já viram o sol dançar? Hoje podem vê-lo nas folhas daquele limoeiro. Olhem o lago, lá longe. Então vendo o riso da Liz. Hoje pode haver surpresas. Dos

---

[7] Ibidem, p. 136.

recantos do esquecimento, podem vir visitá-los os sonhos e desejos mais escondidos de sua vida. Andem com cuidado, porque da cinza pode saltar uma faísca capaz de incendiar o mundo. Deus mudou de nome: já não se chama Javé, chama-se Pai. É dele que estamos falando nesta manhã. O Pai descansa à sombra dos álamos e no mar profundo de seus pensamentos. Nós não podemos oferecer-lhes mais que lamentos e lágrimas, mas ele nos banhará no mar da ternura, e vamos rir e ser felizes outra vez.[8]

Tudo parecia ocorrer como por encanto; na época dourada de Jesus, aproximadamente ao longo de um semestre, sem que se levantasse nenhuma nuvem no horizonte, "Jesus percorria cidades e povoados, proclamando e anunciando a Boa-Nova do Reino de Deus" (Lc 8,1) a públicos cada vez mais numerosos.

De modo criativo e imaginativo, Larrañaga focaliza o decorrer da atividade apostólica do Pobre: seu reencontro com o Batista, próximo da morte dele, e com os discípulos e suas interrogações ainda em relação a Jesus; o encontro com a mulher pecadora que lavou seus pés e os enxugou com os cabelos, derramando sobre eles um perfume caro; o ingresso de mulheres no séquito dos discípulos, sem nenhuma manifestação por parte dos guardiães da lei; o anúncio das bem-aventuranças como compêndio de sua mensagem. Tudo desenvolvido de modo livre por Larrañaga, com fidelidade ao essencial dos conteúdos evangélicos e a peculiar vibração interior de seu espírito refletida em cada página.

No horizonte da vida do Pobre, apareciam algumas nuvens negras, pois o que as pessoas buscavam nele não era o enviado para instaurar o reino do amor, o revelador do Pai, mas o realizador de milagres: "Se não virdes sinais e prodígios, nunca acreditareis" (Jo 4,48).

---

[8] Ibidem, pp. 136-137.

E o Pobre começou a se inquietar e recear de sua crescente popularidade.

Na sinagoga de Nazaré, como um paladino, ele reafirmou seu destino e a missão de anunciar aos pobres a Boa-Nova do Reino, superando o nacionalismo, a fronteira de raça e nação. Isso suscitou a ira dos concidadãos galileus, que decidiram eliminá-lo.

* * *

Ao longo do capítulo 6, Larrañaga destaca os episódios da vida do Pobre em que se vai tornando patente a estratégia sistemática do desprestígio levantada contra ele por parte dos escribas e fariseus: o paralítico curado em um sábado, a adúltera, descrita com as seguintes palavras:

> A verdade desta mulher não é a história de um adultério, mas a de um desengano. [...] Apagaram a sua lâmpada, quebraram o seu cântaro, fizeram de seu tear um presídio e de seu lar uma tumba fria.[9]

Além disso, são citados o endemoninhado liberto diante da admiração do povo: "Não será este o Filho de Davi?" (Mt 12,23b); os fariseus escandalizados, que o julgavam um ministro de Satanás associado a seus interesses; o jantar na residência do fariseu, quando os participantes ficaram horrorizados por Jesus não lavar as mãos antes das refeições. Na ocasião, Jesus lançou contra aqueles homens estas palavras, que atingiram a própria raiz do sistema rabínico e sua implacável casuística: "Que ventos vocês estão querendo caçar com tantas redes? É melhor deixar o vento livre para acordar amanhã com o coração alado".[10]

---

[9] Ibidem, p. 198.
[10] Ibidem, p. 208.

No capítulo 7, é relacionada a multiplicação dos pães e dos peixes, "um acontecimento-chave da maior transcendência na missão de Jesus, um dos mais enigmáticos, aliás".[11] Com alguns de seus seguidores mais próximos, Jesus se dirigira ao outro lado do Jordão; mas sua fama como autor de prodígios havia se espalhado entre povo; e, como se fosse para conjurar um instinto soterrado na consciência coletiva, reuniu-se uma verdadeira multidão, ávida por escutar a palavra do Mestre.

Nessa ocasião, o Pobre abriu mais uma vez o coração e, como poucas vezes, provocou na multidão uma embriaguez generalizada, como uma situação mágica. Naquele momento, deu-se o milagre gratuito da multiplicação dos pães e dos peixes, mais que a multidão necessitava.

Mas nem assim o provavelmente último e ardente chamado de Jesus aos galileus, para uma profunda mudança de mentalidade, a fim de entrar no Reino de Deus, deixando de lado suas obsessões messiânicas terrenas, obteve resultado. Eles fizeram tudo ao contrário (e essa tergiversação vai se repetir através dos séculos): quiseram fazê-lo rei, tomando-o até à força; no entanto, ele fugiu sozinho. "De fato, não tinham compreendido nada a respeito dos pães. O coração deles continuava sem entender" (Mc 6,52).

A partir daí, Jesus ficava cada vez mais sozinho. Ao perceber isso, dirigiu-se aos apóstolos, questionando-os se também iriam abandoná-lo. Desse modo, ele os "obrigou" a segui-lo, fugindo para a montanha, além das fronteiras de Israel, penetrando na Fenícia.

Nesse percurso, que parecia de sonâmbulos, foram surgindo interrogações na profundidade do coração do Pobre – ele também

---

[11] Ibidem, p. 214.

um buscador – e inquietudes, sonhos, clarezas, como aquela noite no alto do Hermon, para onde se retirara sozinho, quando a voz ressoou em sua consciência (em um diálogo íntimo imaginado por Inácio Larrañaga), confirmando-o em seu destino e em sua missão, e abrindo seu espírito para outras perspectivas, novos e incertos panoramas, envoltos na penumbra: "O mistério consuma-se no alto de um monte".[12]

Nesse trajeto além das fronteiras de Israel pela Fenícia e pela Transjordânia, o Pobre se confirmou na singularidade e na transcendência de seu destino como o Servo Sofredor, prefigurado no quarto cântico do Servo de Javé, de Isaías. Posteriormente, ele mesmo aludiria a esse destino singular, e, de maneira mais explícita, com os doze, que, é claro, ficaram muito assustados e temerosos de interrogá-lo a respeito disso.

Era a festa dos tabernáculos, em memória das tendas que acompanhavam os israelitas através do deserto e coincidia com o fim das colheitas. Muitos galileus iam a Jerusalém nesses dias. Quando viram o grupo, percebendo que eram galileus, os judeus de Jerusalém e da Dispersão perguntaram: "Onde está ele?".[13]

Sua passagem pela Galiléia deixara marcas e sua popularidade era muito grande. Após as festividades, passou a ensinar outra vez ao povo, e logo começou também a ser objeto de controvérsia e escândalo. Um piquete do Sinédrio andava por ali de emboscada; quando se dispunham a prendê-lo por ordem do tribunal, sentiam-se incapazes de fazê-lo, pois jamais ninguém havia falado como aquele homem. A cada vez, o Pobre falava a partir de uma consciência despertada pelo Espírito, prestando-lhe contas de sua missão,

---

[12] Ibidem, p. 225.
[13] Ibidem, p. 240.

O POBRE DE NAZARÉ

revelando-se como o Enviado, o Messias de Deus prometido pelos séculos:

> Venho de uma pátria profunda, alta e distante. Meu Pai é minha pátria. E não vim, fui amorosamente enviado. Por isso, em meu exílio, respira-se uma consoladora solidão, e em minha solidão ressoam, dia e noite, as canções e palavras de meu Pai.[14]

Certa ocasião, em Jerusalém, Jesus disse aos judeus: "Eu e o Pai somos um. Se eu não faço as obras do meu Pai não acrediteis em mim. Mas, se eu as faço, mesmo que não queirais crer em mim, crede nas minhas obras, para que saibais e reconheçais que o Pai está em mim e eu no Pai" (Jo 10,30.38). Ao ouvir isso, os judeus pegaram pedras para atirar nele ali mesmo, mas ele escapou.

O Pobre havia sido condenado à morte pelo Sinédrio. Ao saber da sentença (obcecado como estava por seus interesses liberacionistas), Judas comunicou-a a Jesus; no entanto, garantiu-lhe que ele mesmo o entregaria aos romanos para comprovar, de uma vez por todas, se era mesmo o verdadeiro Messias ou apenas um impostor.

Após ouvir as palavras de Judas, o Pobre mergulhou no silêncio de seus abismos e se perdeu nos vastos horizontes do Pai... Pelas sendas espinhosas dos vales, o Amor, com asas renascidas, voltava alegremente para casa, entre ciprestes e cedros... Estava na hora da Páscoa Eterna.

* * *

Quem podia entender o Pobre? No início da missão, apavorava-se quando ouvia a palavra Messias. Agora ele mesmo realizava uma

---

[14] Ibidem, p. 242.

161

espécie de *mise-en-scène* entrando em Jerusalém em uma data significativa, deixando-se aclamar pela multidão como o Enviado de Deus.

Sabia que estava condenado à morte pelo Sinédrio, com maior razão depois da ressurreição de Lázaro. Isso era demais. Os escribas e os fariseus não podiam tolerar essa demonstração de poder, que ridicularizava suas argúcias legais e rituais. Para piorar a situação, ele entrava na cidade montado em um burrico e aclamado como Filho de Davi e Rei de Israel.

Naqueles dias, em contato com as multidões ávidas para ouvir sua palavra, o espírito de Jesus vibrava. No entanto, seus seguidores ficaram desconcertados com algumas atitudes, como, por exemplo, a expulsão dos mercadores do suntuoso templo de Deus, sobre o qual pouco antes havia afirmado aos discípulos: "Não ficará pedra sobre pedra. Tudo será destruído" (Mc 13,2).

Nunca havia acontecido nada parecido na história de Israel. Era como se tivessem antecipado os escritos registrados nos anais da história, mudando-a desde a raiz: a sentença de morte ao Pobre, definitiva por parte dos agentes mais inesperados, os sumos sacerdotes de uma religião e um obscuro discípulo do próprio Jesus, Judas Iscariotes e seu mistério. Diante dos sumos sacerdotes, ele indagava: "Às vezes me pergunto como é possível tentar tirar a vida de quem dá a vida aos mortos. É invencível. É único".[15]

No capítulo final (Consumação), Larrañaga desenvolve seu espírito, fundindo-o com o do Pobre nos momentos culminantes de sua vida: o lava-pés, a Ceia Pascal, as palavras de despedida e a narração da Paixão, apresentada a partir de sua capacidade contemplativa e compassiva:

---

[15] Ibidem, p. 284.

Felizes os que transformam a realeza em serviço, convertendo seus servos em senhores pela magia do serviço! Em verdade eu lhes digo: vão ter asas para voar, caminharão entre ruínas levantando cidades, seus dias florescerão como a primavera e seus outonos conhecerão uma copiosa colheita dourada.[16]

A Última Ceia foi uma refeição de despedida, cuja significação e transcendência os comensais não estavam em condições de entender:

O Mistério que acabo de dar-lhes vai recordar, anunciar e repetir pelos séculos dos séculos minha própria morte por amor, já que agora mesmo começo a descer os patamares da morte. Por isso, este Presente e minha Morte estarão indissoluvelmente unidos em sua memória até o tempo final.[17]

Além disso, revelou-lhes seu testamento, seu "sonho de ouro":

Sejam um como o Pai e eu, e, em nossa unidade, seja consumada a unidade de vocês. Assim, que cheguem a ser no meio do mundo um lar quente e feliz, como uma cidadela de luz no alto da montanha, para que o mundo saiba que o Pai me enviou.[18]

O Pobre de Nazaré é, certamente, uma memória do Pobre por parte de seu autor. Por isso, ao finalizá-la com estas palavras de são Paulo, Larrañaga se atreve a afirmar: "Eu tive fé e, por isso, falei" (2Cor 4,13).

---

[16] Ibidem, p. 290.
[17] Ibidem, p. 293.
[18] Ibidem, p. 298.

Capítulo 10

AS FORÇAS DA DECADÊNCIA

As forças da decadência é o livro mais recente de Larrañaga (2003). De acordo com o autor, é a continuação e complementação de *Sofrimento e paz* (1984), que, ao longo de vinte anos, teve uma notável difusão em diversos idiomas.

Trata-se, sem dúvida, de uma complementação da citada obra. Por isso, sua temática (que aqui se refere basicamente à maturidade) foi focalizada para libertar os que "estão marcados pela solidão existencial e pela carência afetiva, os sofredores e solitários da terra",[1] das desventuras e dos desconcertos anímicos.

Por esse motivo, a proposta do autor é dissecar os fatores de decadência que causam mal-estares ao homem comum, ajudando-o a detectar, no fundo dele mesmo e de suas circunstâncias, as forças ocultas ou adormecidas de libertação que lhe permitam aceitar-se "revestido de serenidade", como criatura de Deus imperfeita por condição natural e destino pessoal. Para isso, objetiva apresentar aos leitores "forças de libertação, luz para o caminho e bálsamo para as feridas".[2]

Trata-se, portanto, de "dar forças na decadência" peculiar de uma época caracterizada tanto por "um vertiginoso movimento de perpétua mutação em todos os níveis" quanto pela crise de incertezas originadas dos próprios sistemas religiosos. Isso explica por que (de acordo com o título) grande parte do conteúdo focaliza a problemática da maioria, ou seja, a do último trecho do caminho, a doença, a solidão, a decrepitude e a proximidade do fim.

Vale citar que Larrañaga possui uma consciência clara da fragilidade e da impotência inseridas na própria condição huma-

---

[1] *As forças da decadência*. São Paulo, Paulinas, 2005. p. 11.
[2] Ibidem, p. 11.

na, que a marcam de maneira inevitável desde o nascimento até a morte. Além disso, nas próprias entranhas da realidade do enfermo e necessitado de ajuda, é consumado o mistério da redenção, a do próprio Deus sofredor, que se faz presente no mundo por meio da cruz de Cristo. De acordo com um teólogo moderno, a Bíblia remete o homem à impotência e ao sofrimento de Deus: só um Deus sofredor pode ajudar. Essa aporia, ou aparente contradição, a do "não-poder" de Deus, se localiza na profundidade do mistério cristão, bem como nos livros de Larrañaga.

Em *As forças da decadência*, a proposta de Larrañaga é buscar a identidade do homem com base na perspectiva totalizadora cristã, explícita de modo belo e profundo nos dois últimos capítulos do livro, que abordam a solidão, o envelhecimento e a morte. Mas, a despeito da perspectiva religiosa, o autor convida os leitores (crentes ou não) a enfrentarem as próprias limitações de modo objetivo e realista, por meio de um incessante processo de auto-identificação da própria realidade (por mais complexa que tenha sido ou continue a ser); para que, a partir dela e apesar de tudo, sejam capazes de se descobrir e se reconhecer "como obra-prima saída das mãos de Deus".

Para Larrañaga, isso ocorre em uma época marcada pela sensação de vazio existencial ou perda do sentido de vida. Nesse momento, sabe-se que o homem não é um ser acabado, mas um tornar-se, um estar sendo feito na contingência, na fragilidade, na vulnerabilidade, no fracasso, na linha daquela concepção paulina de Jesus Cristo como poder de Deus a partir da impotência da cruz.

* * *

No capítulo 2, o autor aborda que uma das faculdades que mais prematuramente abandonam o ser humano é a memória; com isso, ele se esquece dos nomes de pessoas e lugares, fatos e circunstâncias que teceram sua existência ao longo dos anos.

Esse é um dos primeiros sintomas da decadência, não necessariamente lamentável, por ser inevitável, uma vez que se trata de um fenômeno biológico causado, ao que parece, pela deterioração de determinados neurônios.

Com o objetivo de preservar e defender a memória de uma deterioração prematura, há uma espécie de memória transfigurada que, apesar de ser freqüentemente reprimida ou mediatizada de diversas maneiras, consciente ou inconscientemente, revive e transforma os fatos antigos com base na peculiaridade e singularidade de nossa história individual, recuperando a capacidade de se auto-inventar "como se fosse uma nova criação", diz Larrañaga.

Na realidade, é disso que se trata: de uma recuperação dessa "incomensurável memória" (Baudelair) do que sonhamos e almejamos em nossa infância e juventude, e mais adiante nas etapas de maior plenitude de nossa vida, para integrá-lo agora na busca do Um, "que corresponde à segunda metade da vida" (G. de Nerval).

Trata-se de uma pedagogia presente no tratamento dos diversos temas que compõem *As forças da decadência*: o cansaço, a fadiga, a doença, a dor, o fracasso, a decrepitude, a solidão e a morte.

Cansaço e fadiga são conseqüências naturais da atividade física, intelectual e espiritual do homem. Em uma equilibrada proporção dos esforços realizados e dos resultados obtidos, o cansaço produz uma indefinível sensação de alegria e bem-estar, desde que os esforços realizados correspondam a uma atividade anímico-espiritual criativa e produtiva.

Por sua vez, as conseqüências de uma atividade exagerada e insatisfeita costumam acarretar o estresse e a depressão, ou, a longo prazo, alguma forma de neurose.

No declínio da vida, surge uma espécie de cansaço que não é necessariamente conseqüência da passagem do tempo, mas de múltiplas e inesperadas situações que o homem atual precisa enfrentar.

Da mesma forma que um esforçado e engenhoso trabalhador da vinha do Senhor, nestes tempos de crise das instituições religiosas dos últimos decênios, o ser humano se vê diante de uma situação de desânimo semelhante à do profeta Elias perseguido na travessia do deserto: "Basta, Senhor, tira-me a vida, pois não sou melhor que meus pais" (1Rs 19,4ss). O cansaço e o tédio diante dos detentores do poder ou da verdade podem atacar também os crentes em situações extremas. Por esse motivo:

> Este livro quer ser uma mão e força para todas as situações da decadência e levantar os que caíram no barranco, pegá-los pela mão e devolvê-los à torrente da vida.[3]

*   *   *

Nos parágrafos seguintes, Larrañaga continua sua reflexão com uma ponderada análise do fracasso. O fracassado, em qualquer nível da existência, fica marcado pela frustração como por um estigma.

Entretanto, o fracasso está tão interligado à condição humana que (talvez) poucas pessoas ainda não o sentiram. No entanto, essa

---

[3] Ibidem, p. 19.

experiência move e estimula os recomeços com mais garantias de êxito. Isso ocorre com qualquer situação de crise, que desperta a consciência e a liberta de ataduras e condicionamentos indevidamente ponderados no passado.

Assim, pode-se falar de um "fracasso profundo", que, de acordo com o autor, depende da maneira individual de interpretar e assumir as frustrações e derrotas, não com o ressentimento típico dos amargurados de sempre, mas como um desafio, isto é, uma oportunidade de conversão e de recomeçar com um novo vigor.

Após oferecer uma sucinta etiologia sobre as diversas formas de fracasso, entre as quais o matrimonial, Larrañaga concentra a reflexão sobre a maneira de enfrentá-lo em uma perspectiva humana e crente. Inicialmente, é preciso aprender a relativizar as circunstâncias limitadoras da própria existência e da realidade pessoal, para aceitar o inevitável com sabedoria e paz, serena autocrítica e visão proporcionada da realidade.

Para o crente cristão, é inevitável o apelo à cruz, pois somente a partir dela se faz compreensível a concepção paradoxal de são Paulo, "da radical não intervenção de Deus, a ponto de deixar seu Filho só e abandonado no fracasso, à mercê das potências do mundo" (M. Olagasasti).

Isso se refere àquela última pergunta de Jesus na cruz: "Meu Deus, meu Deus, por que me abandonaste?"(Mt 27,46b; Mc 15,35b). Na ocasião, ele comunica sua vida com os humilhados e os fracassados, os últimos. Para concluir, afirma Larrañaga:

> O sofrimento de Deus brota de seu amor para participar, humilhando-se e humilhado, no fracasso dos seres humanos, demonstrando-se dessa maneira que o ser humano é infinitamente maior

que seus êxitos e derrotas. Esse homem perde o medo, fica livre e é incapaz de solidarizar-se com o fracasso de todos os marginalizados da terra. Essa é a vitória de Jesus Cristo na cruz.[4]

* * *

No capítulo 5, Larrañaga aborda a ansiedade, definindo-a como "um estado emocional provocado pela sucessão de estímulos e respostas diante de uma situação de perigo, com o elemento específico da incerteza".[5]

Na atualidade, esse sentimento é tão generalizado que pode ser considerado parte essencial da vida contemporânea e de sua crescente complexidade. Também é fruto das tensões e inseguranças, da incerteza e de tantos outros fatores de ordem físico-psicológica que ameaçam cada vez mais o homem moderno.

Normalmente, existe um tipo de ansiedade que pode ser considerado normal e surge das alternativas e oscilações naturais da vida. No entanto, sem controle, pode tornar-se patológico e ocasionar sentimentos de temor e situações de tensão, insegurança e angústia ou outras capazes de acarretar graves transtornos da personalidade.

Por isso, de acordo com o filósofo árabe medieval Ibn Hazin, o ideal de todo homem é "libertar o espírito da ansiedade". Para Larrañaga, nem os mestres da vida nem os terapeutas, e menos ainda os sedativos e os ansiolíticos, conseguirão libertar-nos da ansiedade, porque:

---

[4] Ibidem, p. 83.
[5] Ibidem, p. 88.

A "salvação" está em nossas mãos, ao aplicarmos os critérios e mecanismos mais corretos, ao praticarmos exercícios de pacificação e ao pormos em prática as técnicas para superar a obsessão; com muita paciência e tenaz perseverança, progressivamente, é preciso avançar pelo caminho da paz, neutralizando as crises de ansiedade.[6]

Que a paz e a alegria voltem a nossos átrios como uma bênção divina, e nossa existência seja realmente uma festa.

* * *

A doença é algo inerente à vida humana (por isso, é preciso assumi-la como uma realidade normal). Refere-se a um desequilíbrio vital produzido no organismo pela intervenção de certos elementos patogênicos, acompanhado de uma modificação das constantes vitais. Por esse motivo, a cura está muito mais interligada ao descobrimento dos sintomas e de um cuidadoso "rearmamento interior" que à aplicação de determinadas drogas. Em resumo, quem adoece é a pessoa, o indivíduo, não este ou aquele órgão.

Ao longo do capítulo, Larrañaga faz uma análise minuciosa de diversas enfermidades, como, por exemplo, a hipertensão (a assassina silenciosa), a embolia pulmonar, as cardiopatias, a depressão endógena, o câncer, entre outras. A partir desse estudo, apresenta reflexões e observações provenientes da própria experiência ou de seu contato com pessoas não poucas vezes em circunstâncias extremas, principalmente portadores de depressão ou câncer.

Ao enfrentar situações críticas e até terminais, os pacientes se entregam nas mãos de Deus, o "Deus também impotente porque

---

[6] Ibidem, p. 98.

está crucificado" (Bonhöffer). Sobre isso, afirma Larrañaga: "Na agonia de Deus na cruz, agonizaram os moribundos de todos os milênios".[7]

Na escuridão da noite, muitos enfermos descobriram a raiz mais profunda da própria existência, os paradoxos da força da impotência, do poder como amor, do mistério de um Deus em ação próximo ao homem sofredor, de um Deus cravado na cruz.

Nesse capítulo, Larrañaga reflete também sobre as mil faces da dor, em que enfatiza seus aspectos positivos e sua fecundidade. Além disso, oferece preciosas indicações para a aceitação dos padecimentos de maneira digna e nobre, a fim de mitigar seu aguilhão e transformá-lo em estímulo para uma visão individual mais realista e uma maior capacidade de entender e solidarizar-se com o sofrimento alheio.

Na perspectiva da fé, todo sofrimento assumido na convicção de experimentar na própria carne mortal os sofrimentos do Cristo sofredor, completando assim em nós "o que falta aos padecimentos de Cristo" (de acordo com a expressão de são Paulo), só pode ajudar-nos a passar por cima e até a sublimar nosso sofrimento, na segurança de que tudo nos aconteceu, por doloroso que seja, "para o nosso bem" (cf. 2Cor 4,15).

Outro inimigo do homem, e talvez hoje mais que nunca, é o medo, "um dos problemas agudos de nossa época, e a base de todas as neuroses".[8] Enraizado na profundidade da consciência, muitas vezes de maneira irracional, o medo ou o temor podem originar graves perturbações emocionais, com reações mórbidas

---

[7] Ibidem, p. 125.
[8] Ibidem, p. 148.

diante de situações ou perigos reais ou imaginários, frutos de uma consciência perturbada ou de uma visão alterada da própria identidade pessoal.

Existem pessoas tão iludidas e apaixonadas pela autoimagem que são incapazes de perceber que não se trata senão de ilusão, mentira, fogo-fátuo, ou de um ego inexistente que, quando se depara com a realidade em situações extremas, pode gerar angústia e pânico. Nesse instante, fica o seguinte questionamento: "Como vencer o medo?". A melhor maneira é enfrentando-o com serenidade e realismo, porque não devemos nos esquecer de que esse sentimento tem uma função protetora diante da ameaça ou do perigo; isso evita que sejamos dominados pela obsessão, capaz de anular nossa energia vital e amargar nossa existência.

Nessa perspectiva da fé, com a segurança de que Deus está conosco, onde quer que estejamos, aonde quer que formos, e que com ele também somos onipotentes, estamos seguros de que "em tudo isso, somos mais que vencedores, graças àquele que nos amou" (Rm 8,37).

* * *

Solidão. Palavra ambígua; voluntária ou involuntária, até mesmo como um estilo de vida; fruto do egoísmo e do desamor, que costuma ser fonte de angústia de quem a busca para estar cada vez mais receptivo ao mistério de si mesmo, dos demais e do mundo. Para Larrañaga, especialmente na idade adulta, "esta é a autêntica solidão: uma imersão na busca das experiências últimas".[9]

Embora não seja propriamente um transtorno, pode levar o ser humano à ansiedade e à frustração. Hoje, existem incontáveis

---

[9] Ibidem, p. 170.

razões e causas que provocam uma solidão sombria e destrutiva, tanto na ordem emocional como na social. A princípio, está associada à quantidade das relações interpessoais, bem como às tendências temperamentais, e a uma espécie de profundo sentimento de vazio e baixa auto-estima, em que há geralmente alguma dolorosa experiência de crise afetiva tão peculiar de nosso tempo, especialmente no que se refere à relação de casal. Isso nos deveria impelir – e já está sendo feito em diversos níveis – a uma busca criativa do estar juntos.

Essa procura só pode ser realizada por meio de um firme esforço de introspecção e de abertura da mente para o desconhecido interior. Desse modo, uma solidão não desejada pode acabar se tornando produtiva e uma fonte de bem-estar; e também trazer uma nova consciência de nossa singularidade, uma elevação da auto-estima e uma maior capacidade de compreensão do mistério pessoal dos demais.

Estar sozinhos com nosso eu interior, fugidio e inexplorado, enfrentando uma realidade (a nossa), transforma a solidão em um tempo privilegiado e fonte de bem-estar, em uma oportunidade para a introspecção e a meditação, para o gozo de estarmos reencontrados com nosso melhor. Talvez na proximidade dos sonhos, nós nos reinventemos em busca de respostas novas para questionamentos não resolvidos e recuperemos a vontade de amar e ser amados. Porque, para poder amar os demais, devemos amar a nós mesmos, longe de todo complexo de culpa, de autocompaixão, que costuma se agravar com os anos.

De repente, todas as portas estão fechadas. A quem recorrer? Só ele está sempre aí, na última e mais íntima solidão do ser, e virá inundar a escuridão da noite com sua luz, se o quisermos. Que a consciência se torne plenamente presente a si mesma. E aquele que é a presença pura e amante dará um novo sentido a nossa vida.

* * *

Por séculos, desde a antiguidade, o idoso esteve revestido de uma auréola de sabedoria e de ponderação quase sagrada. No entanto, nos dias atuais, ele é constantemente relegado ao esquecimento ou desdenhado.

Como sabemos, a idade mais avançada é o tempo do amadurecimento dos sonhos longamente acariciados e da plenitude do espírito. Muitas das grandes personalidades de todos os tempos floresceram no tempo de sua decadência física, consumados em dias e sonhos, sabedoria e sensatez.

Para Larrañaga, ainda que, em numerosos países, a geriatria tenha experimentado um notável progresso em diversos níveis, a opinião pública "joga com o conceito de 'inutilidade' quando pensa nas pessoas mais idosas".[10] Além disso, a marginalização continua a ser um fato nas estruturas sociais de nosso tempo, mesmo nos países mais desenvolvidos, sem iniciativas significativas de caráter atencional e promocional (lembremos que, na França, no tórrido verão de 2000, mais de dez mil idosos faleceram por causa do calor).

Para superar a "síndrome do velho e inútil", que habitualmente se aplica ao homem e à mulher idosos, é possível e necessário abrir novos caminhos de transcendência, imaginando e pondo em prática as novas iniciativas para abrir espaços de realização pessoal e de projeção humano-espiritual, mesmo antes da velhice propriamente dita, desde a época da aposentadoria. E, não há dúvida, aqui temos um longo caminho a percorrer.

---

[10] Ibidem, p. 188.

O estereótipo do ancião inútil para tudo, resignado a seu destino, à inatividade e à solidão, recolhido em um centro geriátrico ou na solidão do próprio lar, continua dominando na sociedade atual. Não falta quem afirme que os níveis de solidão e isolamento estão crescendo na proporção do desenvolvimento e do progresso.

Nos dias atuais, esse acréscimo de vida oferecido ao idoso obriga o autor a se perguntar:

> O que fazer para que essa bela dádiva se transforme em plenitude e felicidade? Como evitar que esse presente de tempo se transforme em um triste e monótono crepúsculo?[11]

Ao final do livro, Larrañaga discorre sobre a terceira idade a partir de algumas das razões pelas quais os "maiores de idade" são relegados, ainda hoje, a diversas formas de esquecimento, ou, na melhor das hipóteses, trancados em confortáveis abrigos.

O autor se refere àqueles que Deus "saciou de dias" (cf. Sl 91[90],16) e os contempla ornados por um halo de segurança, sabedoria e equilíbrio, para quem a decadência física vai se transformando em forças de elevação; porque, à medida que o homem exterior desmorona, o homem interior se renova dia após dia, segundo a expressão de são Paulo, tornando-se cada vez mais forte em espírito e na fé.

Especialmente na perspectiva espiritual, podemos falar da beleza de envelhecer de quem, na plenitude da idade, com suas limitações e insuficiências, é capaz de se aceitar em paz. Longe de se lamentar, recorda com gratidão e alegria o que viveu, sendo capaz de vibrar com o presente assumindo-o como um dom de Deus.

---

[11] Idem, ibidem, p. 203.

No crepúsculo, o homem está mais disposto a mergulhar na profundidade de seu universo interior e descobrir o segredo de suas venturas e desventuras, sonhos e desilusões, e do desígnio de Deus presente e, talvez, não claramente percebido ao longo da existência. A sabedoria e clarividência do ancião o "faz lembrar e o transporta além dos horizontes, até as colinas eternas onde o tempo e o espaço já não existem".

Embora a juventude desmorone, o universo de Deus está vivo e palpitante, e toda a natureza está em trabalho de parto, em uma incessante criação, agitada pela potência consciente e amorosa. Essa convicção é capaz de manter o homem eternamente jovem e de fazê-lo vibrar com toda a criação de Deus, abrindo-o aos demais com esse espírito de sensatez e estabilidade emocional, essa sabedoria que pode ser admirada em não poucos idosos, naqueles que conseguiram recuperar o sentido religioso da própria vida na intimidade com Deus.

Semelhante ao novo ancião de Patmos (cf. Ap 1,9), pode-se chegar à capacidade contemplativa como uma antecipação da vida eterna; é o que os teólogos chamam de "visão beatífica". Memória da morte, do silêncio e do vazio absolutos, e à margem de toda fé, o sem-sentido total.

* * *

Morremos a cada dia, desde o exato momento do nascimento, por meio de inevitáveis processos de degeneração orgânica, necessários e indispensáveis para nosso amadurecimento e envelhecimento, e para alcançarmos outro modo de vida em que acreditamos e esperamos, ou talvez apenas sonhemos ou suspeitemos de algo que não morre em nós, conosco. "Ser conscientes do transe final leva-nos a enfrentar a realidade viva de nossa última solidão",[12] a daquela luminosa certeza expressa por são Paulo: "Para mim, o morrer é lucro" (cf. Fl 1,21b).

Se "o homem é um ser para a morte" (Heidegger), talvez seja assim porque é um ser para a vida constitutiva, para a experiência de estar vivo a partir de sucessivas mortes e até para sobreviver a si mesmo e desejar uma vida sem limites. Para Larrañaga, há "uma bela maneira de acabar", que é a dos que foram capazes de aceitar em silêncio o irremediável, o fim da festa, de acabar dignamente sem sustos nem lamentações.

A morte cristã, com Deus à vista, a "irmã-morte",[13] é realidade transfigurada como um processo de incessante transformação, uma prazerosa metamorfose, igual à da borboleta que surge milagrosamente de uma lagarta, de natureza tão diferente.

No último capítulo, o autor focaliza amplamente o tema da morte na perspectiva de quem não crê, do homem moderno agnóstico e hedonista, para quem, longe de ser um lucro (como para são Paulo e para todo homem de fé), a morte é a perda suprema. Apesar disso, nas entranhas do ser humano, como criatura racional, está o instinto primário de viver e sobreviver além da inevitabilidade do ter de acabar e de ser capaz de enfrentar esse transe final de maneira consciente e refletida, assumindo-o em liberdade com a maior serenidade e dignidade possíveis.

Sob esse aspecto, poucos seres humanos aceitam o fato de morrer estoicamente e em paz. Pode até ser (e há testemunhos determinantes a esse respeito) que, na proximidade da morte e

---

[12] Ibidem, p. 226.
[13] Ibidem, p. 232.

nos estertores da agonia, todo homem se depare com inquietudes e interrogações, e até iluminações inesperadas, como "percepções e vivências incompreensíveis para a lógica humana".[14] No auge da experiência de vida, quem sabe que panoramas ou "faculdades espirituais acrescentadas"[15] nos foram concedidos para enfrentar o transe definitivo e sem retorno de entrada a outro modo de vida eterna, por pura graça de Deus.

Obviamente, no último, mais denso e extenso capítulo do livro, Larrañaga focaliza o tema da morte na perspectiva da fé, da "irmã-morte corporal", assim invocada com inefável sabedoria e doçura por são Francisco de Assis. Isso só é possível a partir de um espírito despojado e aberto à transcendência, assumindo na fragilidade extrema do corpo e do espírito, como Jesus na cruz, a solidão, o abandono, a radical impotência de todos os agonizantes até o final dos tempos.

Assim, ao enfrentar esse transe final no espírito de Jesus Cristo, o cristão, o justo e o homem de boa vontade serão capazes de encontrar no Salvador um profundo sentido para a própria desolação e desconsolo, o transe maior do desespero humano, que é morrer, na própria convicção de que, com sua morte, esteja contribuindo para a redenção do mundo. De acordo com são Paulo, quem morre unido a Cristo "completa, na sua carne, o que falta às tribulações de Cristo em favor de seu Corpo, que é a Igreja" (cf. Cl 1,24).

Essas palavras memoráveis revelam a profundidade da identificação do apóstolo com o espírito de Jesus Cristo e de sua missão redentora. Além disso, possibilitam que os crentes e os homens de boa vontade tenham fé e esperança em uma plenitude de vida.

---

[14] Ibidem, p. 251.
[15] Ibidem, p. 252.

As forças da decadência

Para Larrañaga:

Um dia, depois de uma longa peregrinação, chegaremos a um mundo que a mente jamais poderá conceber, a um cálido lar sonhado desde sempre. É verdade que tudo vai acabar, mas tudo recomeçará. Na porta da casa, espera-nos o Pai, com uma mesa preparada e adornada com flores de macieira. Vai reconhecer-nos. Vai dar-nos a mão. Sentaremos à mesa, e começará a festa, uma festa que não terá fim. Então, saberemos onde está o segredo da perfeita alegria.

Deus mesmo vai acabar de saciar todas as expectativas dos corações. A doença da humanidade, desde sempre e para sempre, é a solidão existencial. Deus mesmo acabará por povoar essa solidão existencial com um oceano de doçura.

Nesse dia, o mar lavará as marcas da dor. O vento secará as lágrimas. O amor e a morte se abraçarão, e nos espaços infinitos não haverá nada mais para fazer a não ser nadar na alegria sempre eterna do mar de Deus.[16]

De acordo com o princípio existencialista, "o homem é um ser para a morte"; no entanto, para o princípio cristão, "é um ser para a vida". Desde seu nascimento, ele começa a se extinguir dia após dia, experimentando numerosas mortes, graças as quais renasce sempre, até alcançar a plena maturidade. Por isso, sua última morte nada mais é que a coroação de um processo de sobrevivência, fruto de um prodigioso dinamismo localizado no âmago de sua condição de criatura destinada a sobreviver e a se expandir para além do provisório e contingente.

E não é só a partir da fé, mas também de uma legítima presunção de estarmos vivos por vontade do autor de toda vida ou, se

---

[16] Ibidem, p. 270.

preferirmos, do destino, que podemos afirmar, sonhar ou nos iludir que somos os elos de uma corrente destinada a nos perpetuar pela eternidade. A experiência de numerosos moribundos que voltaram à vida após uma morte clínica coincide com a afirmação da existência de uma dimensão luminosa que se abriria ali mesmo, nos confins de tudo.

Após reafirmar a própria experiência do Deus Vivo, Larrañaga escreveu algumas de suas mais belas páginas, adivinhando e como que pressentindo que tudo aquilo que "Deus preparou para os que o amam é algo que os olhos jamais viram, nem os ouvidos ouviram, nem coração algum jamais pressentiu" (1Cor 2,9).

* * *

No parágrafo final do livro, está a mensagem "Canto à vida", um verdadeiro poema à existência:

> Já chega a aurora. É a hora de levantar os olhos e fixá-los nos picos dourados em que o tempo e o espaço se perdem de vista. Como um alto pinheiro que preside a marcha dos séculos e espaços, Deus, como poderosa mãe, no eterno segredo do tempo, cobrirá com suas asas de ternura as últimas palpitações de nossa nudez esfomeada, e se realizarão as expectativas, e nenhum desejo puro ficará insatisfeito na maré alta da plenitude e da glória. Por fim... Felizes![17]

A rosa e o fogo

Entre os livros "maiores" de Inácio Larrañaga (apesar de conter apenas 186 páginas), está *A rosa e o fogo*.[18] Vale ressaltar

---

[17] Ibidem, p. 286.
[18] 4 ed. São Paulo, Paulinas, 2002.

que é impossível condensar a obra em uma resenha, porque se trata de uma espécie de autobiografia, aliás, amplamente citada no primeiro capítulo deste livro.

A referida obra foi escrita em 1997, em apenas dois meses. Dois anos antes, a Editora PPC de Madri havia proposto que Larrañaga escrevesse um livro na linha autobiográfica de uma coleção, em que participavam destacadas personalidades espanholas do campo religioso. Por meses, ele hesitou em aceitar o convite, porque estava convencido de que sua vida "não tinha interesse biográfico do ponto de vista histórico ou narrativo", além de sua filosofia de " retirar-se", que é inerente a ele e integra de maneira substantiva sua mensagem espiritual.

Mas, finalmente, decidiu fazê-lo, como uma espécie de súbita inspiração, para glorificar a Deus, abordando alguns lances de sua história pessoal com o Pai.

De fato, *A rosa e o fogo* resume a narrativa da ação e do alcance de Deus na própria vida e na de milhares de pessoas em dezenas de países da América e da Europa, a partir do ministério apostólico e ao longo de vários decênios. Nesse relato, o protagonista foi simplesmente ele. E tudo mais foi surgindo por acaso (que é o novo nome do desconcertante), o qual foi aparecendo várias vezes nos cruzamentos do caminho de Inácio, contra todos os prognósticos.

Essa é a história (resumida) de lances e percalços, da ação de Deus na vida de Larrañaga. Explicada com uma linguagem calorosa e agradável, reflete a alegria com que foi concebida, em uma Assembléia Internacional das Oficinas de Oração e Vida, em Quito (Equador), que o obrigou a escrever este livro, "um livro saído de dentro, desde a primeira palavra". Em resumo, isso é *A rosa e o fogo*.

Capítulo 11

MANUAL DE CURSO MATRIMONIAL

Em muitas décadas, nos inúmeros encontros que realizou, Larrañaga conheceu e interagiu com vários casais.

Um fruto dessa dedicação e boa atuação para animar o espírito desses casais (em geral adultos e, em não poucos casos, em situação de crise) foi seu livro *O casamento feliz*,[1] editado em diversos países e idiomas.

Essa aventura repleta de ciladas que, hoje mais que nunca, é a vida em comum – a dos "dois em um" matrimonial, sujeita ao desgaste e à deterioração como toda forma de convivência, e com maior razão pela exigência de solidariedade e compromisso – preocupava Larrañaga. Por isso, ele elaborou um instrumento de conscientização e participação ativa e vivencial para os casais denominado *Manual de Curso Matrimonial*; vem acompanhado de um caderno para o trabalho dos participantes em casa, com o título de "Curso matrimonial, trabalhos de casa", qualificado ao longo do texto como "Nosso Tempo Sagrado", que é o vade-mécum do casal para cada dia da semana.

Ministrado em cinco sábados à tarde (com duração de duas horas por encontro), inicialmente, o curso é dirigido por um casal coordenador integrante das Oficinas de Oração e Vida; no estágio seguinte, passa a ser dirigido por casais especialmente preparados para isso (no máximo, dez casais participantes). O curso não é teórico, mas de comunicação e participação como uma Oficina de Oração em que se aprende a trabalhar na prática, e consiste basicamente em uma reflexão e comunicação de duas interioridades. No entanto, não se deve confundir o conteúdo desse curso com o das Oficinas de Oração e Vida.

---

[1] Originalmente editado pela Editora Planeta (Espanha), no Brasil, o livro foi publicado pelas editoras Paulus e Loyola. (N.E.)

Na ocasião, os coordenadores acolhem os participantes em um clima festivo, convidando-os a entrar em um espaço de atenta e profunda reflexão. Em seguida, os partícipes são informados dos objetivos do curso, que são justamente alcançar uma plenitude conjugal, recuperando o sentido da vida e a alegria de viver em comum, e de alguma maneira voltar ao primeiro amor.

É preciso considerar que, no curso matrimonial, não se admitem apenas casais casados no religioso, mas também só no civil, e mesmo casais estáveis sem nenhum vínculo. No entanto, é importante que ambos participem.

A seguir, estão relacionadas as mensagens escritas e gravadas por Inácio Larrañaga para cada uma das reuniões semanais:

- Que queremos com este curso matrimonial?

- Comunicação.

- Amor.

- Amor oblativo.

- Curar as feridas.

- No meio, Deus.

Após a pequena pedagogia para o diálogo conjugal, há duas instâncias básicas importantes, realizadas nas reuniões semanais:

1. *O encontro na intimidade*, o momento mais transcendente da reunião. É realizado após a escuta e a meditação da mensagem gravada pelos casais e também depois da resposta com um verdadeiro sentido de autocrítica para algumas perguntas relativas aos conteúdos de cada mensagem (cujo diálogo dura cerca de meia hora) e, em seguida, em forma pessoal, por escrito (com quinze minutos, separadamente).

Aqui, é preciso destacar a riqueza dos conteúdos e dos valores pedagógicos humanos e espirituais das mensagens. Seu objetivo é conscientizar os casais e provocar neles um verdadeiro impacto, motivando-os a entrar em um diálogo em profundidade.

2. *Proposta do curso nas tarefas domésticas* (Nosso Tempo Sagrado), no âmbito familiar, com os textos de meditação e as novas e extensas fórmulas de oração para serem ministradas de segunda a sexta-feira. De acordo com os passos e pautas minuciosamente indicados pelo manual, a meditação e o diálogo devem ser praticados posteriormente entre os esposos por aproximadamente 45 minutos, na intimidade do lar.

Nosso objetivo é que o matrimônio funcione harmoniosamente; que renasça o antigo entusiasmo, brilhem as chamas do antigo amor. É possível que aquele primeiro amor já tenha perdido o esplendor inicial. De suas cinzas, têm de surgir o calor e a luz, ser curadas as antigas feridas, renascer as antigas ilusões. Enfim, é preciso abordar problemas não resolvidos e recuperar a antiga alegria.[2]

---

[2] *Manual de Curso Matrimonial*, p. 7.

Capítulo 12

OFICINAS DE ORAÇÃO E VIDA (OOV)

Em 15 de outubro de 1997, no Pontifício Conselho de Leigos do Vaticano, realizou-se a cerimônia de entrega do Decreto de Aprovação das Oficinas de Oração e Vida (OOV) como Associação Internacional de Fiéis, de direito pontifício e personalidade jurídica. Essa determinação havia sido assinada na Santa Sé no dia 4 do mesmo mês, ocasião da festa de são Francisco de Assis.

No ato da entrega, estiveram presentes o presidente do Conselho dos Leigos, monsenhor J. Francis Stafford, juntamente com seu secretário, monsenhor Stanislaw Rylko, além do ministro geral da Ordem dos Capuchinhos, John Corriveau, e dois de seus conselheiros gerais, Inácio Larrañaga e a Maria Inês Rojas, coordenadora internacional das OOV.

Apesar do caráter solene, foi uma ocasião agradável. Inicialmente, monsenhor Stafford fez algumas perguntas em relação às OOV, respondidas por Inácio Larrañaga e Maria Inês Rojas. Em suas respostas, eles destacaram especialmente o caráter eclesial leigo do serviço, que em poucos anos havia alcançado uma notável difusão em numerosos países da América e da Europa.

Sobre sua originalidade e eficácia, falavam os mais de 1,5 mil testemunhos de bispos e párocos, que tinham chegado ao Dicastério Pontifício. Isso, sem dúvida, contribuiu para o acelerado reconhecimento das OOV por parte da Igreja como Associação Internacional de Direito Pontifício.

Poucos dias após a celebração, monsenhor Stafford escreveu estas palavras a padre Inácio: "Fiquei profundamente impressionado com o carisma, o ministério e a qualidade de vida das Oficinas. Por isso, garanto-lhes que continuarei a acompanhá-los com a amizade e a oração".

As Oficinas de Oração surgiram em 1984, em Santiago do Chile. E seriam denominadas desse modo até dois anos mais tarde, quando se decidiu completar o título com a palavra "Vida". A nova grafia (Oficinas de Oração e Vida) refletia mais adequadamente o objetivo e os conteúdos desse novo serviço eclesial.

Muito tempo depois, na assembléia comemorativa dos 20 anos da fundação das OOV em Mérida (México), Inácio Larrañaga decidiu acrescentar o subtítulo "Uma nova evangelização", que resume a essência de sua missão.

"Oficinas de Oração e Vida: uma nova evangelização". Daí em diante, seria o título completo e definitivo das OOV, habitualmente conhecidas por essa sigla. Em outras palavras, significa que, além de ser uma escola de oração, as OOV são um eficaz instrumento de evangelização. Concebidas originalmente desse modo, foram-se consolidando com o passar dos anos, correspondendo a uma inspiração e a uma metodologia e pedagogia de base desenvolvida pelo padre Larrañaga em seus Encontros de Experiência de Deus desde 1974, em resposta à própria pedagogia de Jesus para com os discípulos e ao último e mais íntimo desejo deixado em testamento a seus seguidores, como marca de sua vida e de sua missão: "Pai [...], que conheçam a ti, o Deus único e verdadeiro, e Jesus Cristo, aquele que enviaste" (Jo 17,3).

Inicialmente, vale ressaltar que o espírito e os conteúdos das Oficinas estavam basicamente orientados para ensinar os participantes a orar de maneira ordenada, variada e progressiva, desde os primeiros passos até as profundidades da contemplação.

Além disso, objetivavam proporcionar-lhes os conteúdos essenciais de uma temática de caráter vital e não doutrinal por meio de gravações produzidas pelo fundador para cada uma das 15 sessões da oficina, com o intuito de iluminar sua reflexão e meditação com a escuta continuada da Palavra de Deus em relação ao tema de cada sessão, que devia prolongar-se por uma semana.

Essa pedagogia com propostas e conteúdos basicamente experienciais a partir da assídua escuta da Palavra de Deus e de uma exigente práxis de oração pessoal e comunitária, não só no período de realização da oficina, mas durante toda a semana, demonstrou ser surpreendentemente eficaz. Isso foi confirmado dois anos após sua criação por um bispo argentino que participou de uma oficina completa:

> As oficinas correspondem aos desejos do Santo Padre sobre a "nova evangelização". Elas são o melhor programa de nova evangelização que eu conheço, ou melhor, o único. O único esforço sério para confeccionar um programa de nova evangelização.

Na realidade, as Oficinas de Oração e Vida (OOV) foram o fruto dos Encontros de Experiência de Deus (EED) e sua complementação obrigatória. Isso seria comprovado ao longo dos anos e influiria na progressiva elaboração dos diversos instrumentos de trabalho das OOV e das variadas instâncias de formação inspiradas na própria temática, na mística, nos acentos e acentuações dos EED.

Não se tratava de criar grupos ou comunidades de oração, mas sim de prestar um serviço ao povo de Deus e, dentro dele, também aos integrantes de diversas associações eclesiais preferentemente leigas, para ajudá-los a aprofundar e dar maior solidez à vida de oração. Isso tornaria possível uma relação pessoal e amistosa com o Senhor, potenciando sua consciência da missão e estabelecendo uma inter-relação fecunda entre oração e vida, contemplação e missão.

Outra característica das OOV é que se trata de uma obra tipicamente laical, dirigida e realizada totalmente por leigos. Embora inicialmente houvesse dificuldades até mesmo com alguns bispos, no correr dos anos, essa peculiaridade foi sendo preservada adequadamente. Assim, em 1997, as OOV foram aprovadas pela Santa Sé como uma associação internacional de fiéis canalizada sem maiores problemas em uma perspectiva de autonomia e liberdade.

Isso desperta nos leigos a consciência e o dinamismo missionário aguardados na Igreja a partir do Concílio Vaticano II, que, por diversas razões, não produziu os frutos esperados nos últimos decênios do século passado em relação à promoção apostólica do laicato.

Oficina de Oração e Vida (definição)

De acordo com Larrañaga, as Oficinas de Oração e Vida "constituem o ponto alto e a coroa de toda sua atividade apostólica".

Inicialmente, houve uma derivação óbvia e previsível de sua extensa, quase incrível e intensa atividade apostólica ao longo dos 10 anos de transmissão da peculiar mensagem que vinha concitando inevitavelmente multidões em numerosos países a partir de seus Encontros de Experiência de Deus (1974-1984). Por outro lado (quase por acaso), uma senhora chilena de classe média se dirigiu à casa do Centro Franciscano de Santiago (Cefepal) e explicou que estava se reunindo com outras senhoras que, como ela, tinham participado dos EED no Chile. Com o intuito de reviver aqueles ensinamentos, ela solicitou permissão para continuar essas reuniões do grupo, as quais seriam divididas em ouvir as gravações intituladas *Vida com*

Deus e meditar sobre seu conteúdo, intercalando-o com algumas orações do livro *Encontro: manual de oração.*[1]

Na ocasião, Larrañaga sentiu que algo renascia em seu interior. Mais de uma vez, ele se perguntara como daria continuidade ao espírito dos EED, que, de modo unânime e profundo, eram suscitados em numerosos países da América Latina e Europa. Essa dúvida era comum também entre outros participantes dos EED, especialmente os do Brasil.

Em meados de 1984, as senhoras chilenas encerraram o ciclo de reuniões. No segundo semestre, Larrañaga passou a se encontrar quinzenalmente com um grupo de aproximadamente 70 pessoas. A partir de um processo de discernimento e seleção do que era refletido, vivido e experimentado por eles, um projeto foi tomando forma, originando um pequeno diretório e resumido manual provisório para as Oficinas de Oração e Vida.

No Chile, a palavra oficina (em espanhol *taller*) era (e continua sendo) muito comum em referência a determinadas atividades e instrumentos de aprendizagem de diversas disciplinas, especialmente de caráter cultural e artesanal. Por esse motivo, assim foi denominada a "criança em gestação" com a qual se estava sonhando, e dada a designação de "guias" aos responsáveis pela direção dos encontros.

Muitas vezes, por antecipar a realidade, os sonhos acabam por concretizar-se mais rápida e felizmente quando são fruto da *ánima* e do *ânimus* conjugados, como ocorreu nessa ocasião (se bem o considerarmos). Na época, as Oficinas de Oração e Vida eram consideradas algo que parecia ter sido escrito, por sua no-

---

[1] São Paulo, Loyola, 1996.

vidade e originalidade, em um tempo em que muitos movimentos e associações tradicionais de base estavam se deteriorando e congelando. Além disso, havia muito tempo, muitos participantes dos Encontros de Experiência de Deus estavam à espera da convocação.

Desde 1974, Larrañaga ministrava esses Encontros em numerosos países, e continuava a fazê-lo entre 1985 e 1986. Nos encerramentos, informava aos participantes sobre aquele sonho gerado nos meses de recesso no Chile. Em seguida, pedia que todos o ajudassem a transformar o sonho em realidade, a partir de algumas informações contidas em um incompleto e provisório manual das oficinas de oração.

Nessas ocasiões, pelo menos 15 pessoas se dispunham a ser guias das Oficinas, na maioria dos casos com verdadeiro entusiasmo. Para isso, recebiam um treinamento indispensável. Foi assim que, transbordando de audácia e generosidade, em uma manifestação de confiança em Deus, as Oficinas de Oração e Vida tiveram um começo surpreendente e explosivo. No fim de 1986, as OOV atuavam vigorosamente em 17 países, contando com centenas de participantes.

Na realidade, tudo aconteceu como em uma avalanche, ainda que, em 1986 e 1987, seu desenvolvimento fosse bastante precário e repleto de interrogações. Em contrapartida, também surgiam soluções, aqui e ali, em numerosos países com um espírito semelhante ao das origens da obra divina destinada a penetrar e perdurar no povo de Deus dos leigos, entre os quais se destacam algumas pessoas, principalmente mulheres, que pareciam mesmo ter estado à espera de serem convocadas para um ministério apostólico peculiar.

Entretanto, enquanto dirigia os EED (dos quais procediam as vocações para guias das OOV), o próprio Larrañaga visualizava o panorama confuso. Na ocasião, findava o ano 1987. Sobre isso, ele disse: "Essa foi a época mais intensa de minha vida, e provavelmente a mais transcendental em relação às OOV". Perdendo horas do sono e aproveitando os fins de semana, pôs-se a escrever o segundo *Manual do guia*, que vigorou até 1993.[2]

Em 1997, em Guadalajara (México), foi realizado o I Congresso Internacional das OOV, que reuniu aproximadamente 300 pessoas vinculadas às OOV, principalmente guias em atividade ou preparação.

Esse Congresso foi o início de um processo de revisão e aperfeiçoamento das estruturas de governo das OOV, com muitas imperfeições e desajustes ainda naquele momento, somente três anos após a criação das Oficinas. No novo projeto do manual elaborado por Larrañaga, foram introduzidas importantes novidades em relação às estruturas de governo, às práticas semanais (exercícios em casa), aos momentos de silêncio e à liturgia de envio dos guias. Em geral, concretizou-se o que se referia à missão específica dos orientadores, proporcionando-lhes um instrumento para seu desempenho adequado.

Menos de três anos após sua fundação, o I Congresso Internacional das OOV tornou-se uma importante ocasião vivida em espírito familiar, ainda que a maior parte dos integrantes não se conhecesse. Rapidamente surgiu uma grande unanimidade, com a segura consciência de se estar vivendo uma instância fundacional de algo que se entrevia como um serviço eclesial original e inédito.

---

[2] II Congresso Internacional, Bucaramanga, Colômbia.

A quase-totalidade dos participantes era leiga proveniente de diversos países da América Latina e Europa. Para valorizar e manifestar seu lugar destacado nas OOV, ficou decidido que eles explicariam as leituras (homilias) na eucaristia de cada dia da semana.

O *Manual do guia das OOV*, aprovado em Guadalajara, foi o instrumento fundamental e insubstituível para o desenvolvimento e a expansão quase milagrosos das OOV. Sua vigência iria se estender até o final de 1994, no II Congresso Internacional em Bucaramanga (Colômbia), dez anos após o início das Oficinas. O objetivo principal do encontro foi aprovar o projeto do novo *Manual das Oficinas de Oração e Vida*, proporcionando-lhes uma estrutura orgânica e instrumentos pedagógicos e de formação praticamente definitivos. Os aspectos fundamentais dessa temática haviam sido submetidos à reflexão dos oficinistas por meio de uma consulta realizada ao longo de quase dois anos.

Nas longas sessões do Congresso, surgiram outros temas, como, por exemplo, as Oficinas de Jovens, os Casais evangelizadores, os Grupos Comunhão e Serviço, entre outros. Mas como destaque desse Congresso, decisivo para o futuro das OOV, havia a atmosfera, o clima de comunicação, o sentido de familiaridade e fraternidade, o entusiasmo apostólico dos participantes e essa mística que é fruto de uma experiência de Deus vivida na unanimidade do Espírito.

Semanas de Consolidação

No resumo do desenvolvimento das OOV, não podemos deixar de destacar o que se qualificou de Semanas de Consolidação, constituídas de 32 semanas ao longo de 1993 para todos os responsáveis nacionais e locais com suas equipes das OOV de todos os países onde havia Oficinas.

No início da década de 1990, Larrañaga observou em numerosos países que, pela notável expansão das OOV, existiam em toda parte numerosos vazios, inseguranças, falta de uniformidade na transmissão das Oficinas e também de um suficiente aprofundamento em sua inspiração original.

Na *Circular nº 1*, escreveu Larrañaga:

> Não sei que inspiração interior me leva a me deter em meu trabalho normal dos Encontros para me dedicar mais intensamente à animação das OOV. Pressinto que as Oficinas são a obra firme de minha vida, e que, por isso mesmo, devo dedicar mais tempo à sua consolidação.

Naquele momento, seus principais objetivos eram: redigir em caráter definitivo a Oficina Piloto, que, desde o começo, vinha sendo o instrumento formativo básico dos guias: no futuro, uma escola de formação exigente e prolongada; redigir o *Manual para os jovens*, com base nas valiosas contribuições das bases recebidas; uma série de Sessões de Perseverança; e as Semanas de Consolidação, que seriam realizadas ao longo de 1993, com a participação de aproximadamente 11 mil guias em toda a extensão do universo oficinista da América e da Europa; o acontecimento da maior importância na história das OOV.

Embora houvessem cumprido os requisitos básicos, nem todos os guias tinham assumido adequadamente a formação inicial (isso foi ocasionado pela expansão rápida das OOV); por isso, era necessário um reforço urgente. Daí em diante, somente os guias participantes das Semanas de Consolidação poderiam atuar como tais; em seguida, deveriam fazer uma espécie de reciclagem na futura Escola de Formação.

A metodologia das Semanas foi muito simples: práticas do padre Inácio, com os conteúdos essenciais de sua mensagem, agora sintetizados no livreto: *Estilo e vida dos guias. Uma espiritualidade* (Pessoas orantes/Vazios de si/O sonho de ouro de Jesus: que sejam um/Identidade e espiritualidade do guia). Desenvolvimentos estes cordiais, com impacto seguro na audiência, tão predisposta como estava para a semeadura. Depois, foi realizado o "trabalho de assimilação dos grupos", com a apresentação de inquietações e interrogações que seriam respondidas nas sessões de esclarecimentos, pelas quais os semanistas se interessaram.

Intensas e laboriosas, as Semanas de Consolidação atingiram perfeitamente o objetivo inicial, que era aglutinar os guias das OOV, confirmando-os na consciência da própria identidade e em sua vocação missionária, e lançar linhas para o futuro, especialmente em relação à Escola de Formação e às Oficinas para Casais e para Jovens, havia muito tempo na mira de Larrañaga e da Coordenação Internacional.

Escola de Formação

Desde o início da década de 1990, foi aumentando a preocupação de Larrañaga e da Equipe de Coordenação Internacional com a formação dos guias, em vista da explosiva e até excessiva multiplicação das OOV. As Semanas de Consolidação foram decisivas quanto a isso, bem como a consciência surgida entre os guias, referente à necessidade de uma sólida formação. Além disso, era preciso uma capacitação básica para orientar uma Oficina, feita adequadamente após a participação em uma Oficina Piloto, indispensável para se poder agir como guia.

Antes do II Congresso Internacional de Bucaramanga, os guias participaram de um curso na Escola de Formação, com duração de aproximadamente um ano. Nesse mesmo Congresso, foram apresentados alguns módulos elaborados de acordo com as sugestões expostas para iniciar as atividades escolares no ano seguinte (1995), como de fato aconteceu.

No começo de 1996, celebraram-se as assembléias zonais em diversos países. Na ocasião, Larrañaga estabeleceu contato com diversas equipes e guias, a partir do qual constatou que, nos últimos anos, tinha havido um notável amadurecimento no desenvolvimento das OOV, além de um crescimento na consciência de identidade e pertença a uma instituição ou a uma obra: Oficinas de Oração e Vida.

Na *Circular nº 6* (1996), Larrañaga registrou:

> Vemos que nossa gente está comprometida, identificada com o espírito e o programa apostólico das OOV, tão dedicada e com tanto entusiasmo como se fosse um negócio familiar. O sentido de família é palpável à primeira vista.

Nas OOV, todos concordavam com o fato de que as Escolas de Formação constituíam uma espécie de refundação, um novo começo, um novo ponto de partida.

Aqui, vale ressaltar que a autora do *Manual da escola de formação* é Maria Inês Rojas, Coordenadora Internacional das OOV; depois de revisto e atualizado pela atual Coordenação Internacional, presidida por Margarida Cano Urcelay (México), passou a ter 541 páginas.

Precedida por uma apresentação de Larrañaga e de uma extensa introdução, a obra compreende as seguintes etapas:

- *Primeira*: Fundamentos das Oficinas de Oração e Vida.
- *Segunda*: Espiritualidade. Estilo de vida dos guias. Em busca do tesouro.
- *Terceira*: Curso bíblico.
- *Quarta*: Palavra de Deus e modalidade.
- *Quinta*: Desenvolvimento das sessões e prática supervisada.

O estudo dos conteúdos do *Manual da Escola de Formação* estende-se por cerca de um ano e meio, em sessões semanais de duas horas e meia. Com isso, percebe-se que a formação dos novos guias é muito sólida, obviamente superior à anterior. Mas é justo lembrar que centenas de guias mais antigos continuam ativos, realizando tarefas colaterais de animação ou outras de grande eficácia.

Outras instâncias de formação

Desde os primórdios das Oficinas até o Congresso de Guadalajara (quando ainda não havia uma estruturação suficiente), os responsáveis locais e zonais organizavam-se em diversos países. Em meio aos antigos guias que participaram dessa iniciativa (entre os quais me incluo), a maioria se recorda do espírito inicial, da fraternidade e camaradagem despertadas como por acaso ou por pura graça de Deus, enquanto Larrañaga dirigia vários encontros sucessivos, sem descansar.

Por anos, esses congressos e outros zonais ou nacionais estiveram marcados por um clima familiar; nas instâncias de encontros maiores, o trabalho de partilhar as experiências e projetar o futuro sempre culminava com um ar de festa, às vezes transbordante, próprio de quem descobriu o sentido da vida e a alegria de viver.

No nível cupular, a coordenação internacional e as nacionais realizavam assembléias periódicas de revisão e projeção da obra das OOV, sempre com a participação de Larrañaga, e outras zonais, com o mesmo objetivo. Aliás, na própria estrutura e dinâmica da oficina, exigidas pelo *Manual do guia*, existem diversas instâncias de encontro, como sessões de perseverança, desertos e retiros, para que seja verdade que, onde há um encontro ou reunião de guias, se sente uma atmosfera especial de alegria e confiança, a partir dos temas: "O sonho dourado de Jesus: 'Amai-vos uns aos outros'"; "Esta é nossa última vontade e testamento final".

No início da década de 1990, surgiram alguns grupos em torno das OOV, como as Irmãs de Jesus, que inicialmente se projetaram como uma comunidade contemplativa, mas que se dissolveram após três anos de atividades; e os Grupos de Comunhão e Serviço, que surgiram no Brasil e depois se estenderam a outros países. Em um total de oito, os participantes reúnem-se semanalmente para se aprofundar na espiritualidade das OOV, com tempos fortes de oração e meditação, fazendo também o deserto mensal. Entre outras atividades, prestam auxílio a marginalizados, portadores de HIV e outros excluídos pela sociedade. Esses grupos atuam especialmente no Brasil e na Colômbia.

A atividade preparatória garantida pela Escola de Formação tem fundamento (como é óbvio) nos Encontros de Experiência de Deus e nas instâncias de formação previstas pelo *Manual do guia*.

Quanto à atividade formativa na década de 1990, é preciso observar, além do que já mencionamos, especialmente as Semanas de Consolidação, as Jornadas de Evangelização; dirigidas por Larrañaga por quatro anos, em numerosos países, foram divididas em duas noites com palestras cristológicas e matrimoniais, para todo o público, sempre muito concorridas. Posteriormente, o tema do matrimônio foi a base para seu livro *O casamento feliz*. Da mesma forma, suas intervenções (com duração de um dia) também se desenvolviam em diversos locais, incluindo estádios, com a assistência de até oito a dez mil participantes em algumas ocasiões, com temas humanos e espirituais abrangentes para todo o público.

Nesse tempo, tinha sido reduzida a freqüência dos Encontros de Experiência de Deus comuns. Mas, ao final da década, Inácio voltou a dirigi-los, alguns deles ministrados para os guias das oficinas.

No início deste século, Larrañaga retornou a seus Encontros de Experiência de Deus com o mesmo ímpeto, paixão e sucesso de público. Não deixa de ser admirável que essas ocasiões tenham o mesmo acolhimento e a mesma repercussão entre os participantes (que podem chegar a várias centenas em cada Encontro), em rigoroso regime semanal de silêncio.

Nessas ocasiões, milhares de pessoas saíam (e ainda continuam a sair) dos Encontros marcadas pelo Espírito, e com a segurança de terem encontrado um novo sentido para suas vidas. No caso dos guias das OOV (cuja participação era assídua), confirmavam sua vocação apostólica. Atualmente, uma das instâncias de animação e formação mais importantes é o Retiro para guias.

Os animadores naturais das OOV, digamos que por ofício, são os responsáveis (coordenadores) pelas equipes internacional, zonais, nacionais e locais. Além disso, alguns deles também são designados para determinadas funções ou serviços nas OOV.

De acordo com a *Circular nº 13,* "os animadores serão para sempre em nossa família os encarregados de manter a lâmpada acesa na alma dos guias", com um carisma especial de comunicação para essa missão, e obviamente uma experiência consolidada na espiritualidade da OOV.

Isso pode ser esperado dos animadores de Retiros para guias, surgidos em 1999, no Brasil, e sancionados em 2000, na Assembléia Internacional das OOV. Inácio Larrañaga, o fundador, considera que esses retiros para guias "são um precioso instrumento que Deus pôs em nossas mãos para a renovação perpétua das Oficinas" (*Circular nº 16*).

As instâncias de animação e renovação são os Tempos Fortes, a Sagrada Meia Hora de oração, os Círculos de guias e outros considerados indispensáveis para manter vivo o espírito do guia.

Pode-se concluir que a prática desses retiros consiste no instrumento mais adequado para uma conversão permanente dos guias, porque "contêm uma eficácia especial e, não sei se posso dizê-lo, uma graça especial".[3]

Nos retiros, são abordados estes temas principais:

1. Fundamentos básicos.

2. Jesus, centro da vida.

---

[3] Larrañaga, loc. cit.

3. Enviados para anunciar.

4. Maria, modelo de vida.

5. Sonho de ouro.

6. Rumo ao encontro profundo.

Os retiros para guias devem ser feitos por eles mesmos, sem exceção, uma vez por ano, em um fim de semana (de sexta-feira à tarde até domingo à tarde). A organização fica a cargo das coordenações nacionais de acordo com as locais.

Atualmente, esses retiros são realizados em diversos países, com notável aceitação, cujo resultado entre os participantes tem sido excelente, como consta no testemunho de numerosos guias.

Todos têm um caráter prático de alta intensidade e fervor, como em um cenáculo. O objetivo geral que desejamos é que os guias saiam dos retiros eternamente renovados, santamente incendiados no fogo de Pentecostes. De maneira que depois, quando ministrarem as Oficinas, transmitam espírito e vida e sejam fermento de renovação eclesial.[4]

Casais evangelizadores

Entre 3 e 13 de novembro de 1993, realizou-se em Moravia – São José (Costa Rica), um Encontro-Assembléia de Casais Evangelizadores. Na ocasião, 45 casais de 19 países da América Latina e da Europa participaram de um encontro de formação seguros de que iniciavam um serviço eclesial no contexto da nova evangelização; uma profecia (falar em nome de Deus) que também é competência

---

[4] Idem, ibidem.

e missão do leigo, algo menos reconhecido na Igreja do que seria necessário, como se sabe.

Nos cinco primeiros dias, realizou-se um verdadeiro Encontro de Experiência de Deus, dirigido por três casais espanhóis e três dominicanos. Com temática semelhante à dos Encontros de Inácio Larrañaga, seu objetivo era fazer que os casais participantes observassem seus companheiros em ação. Após um dia de descanso e recreio, foram dedicados três dias para a troca de idéias sobre a experiência realizada: conteúdos, metodologia e transmissão.

A organização dos Casais Evangelizadores seria autônoma dentro de cada país, vinculada com a respectiva Coordenação Nacional das OOV. O grupo de Casais Evangelizadores atuava como uma família, mantendo entre eles uma relação vital e independente.

A realização do Encontro-Assembléia dos Casais Evangelizadores deu-se em um clima de grande camaradagem e receptividade. Na ocasião, era visível o desejo de aprender, de não perder nada. Era preciso destacar os tempos de oração, especialmente no dia do deserto e na noite final, com contribuições de grande profundidade e, em grande parte dos casos, de um notável calor humano-espiritual.

A partir de 1994, o *Manual dos casais evangelizadores* seria revisto e atualizado com temática e conteúdos mais precisos. Nesse ano, os casais evangelizadores ministraram diversos Encontros de Experiência de Deus em diferentes países da América Latina e Europa, cuja atividade se estenderia até 2000. Posteriormente, novos casais evangelizadores designados pelas Equipes Coordenadoras começaram a preparar-se para dirigir os demais Encontros.

Para completar sua formação como líderes, primeiramente, os participantes assistiam a dois encontros ministrados por um dos casais evangelizadores em função; no terceiro, eram considerados aptos a dirigir algumas sessões. Para isso, até hoje, eles contam com um diretório e o manual com os temas básicos próprios de um Encontro de Experiência de Deus.

Esses Encontros dirigidos por casais evangelizadores continuam a ser realizados com bons resultados nos países onde existem as OOV.

OOV para jovens

Desde o início das OOV, cogitou-se a possibilidade de realizar uma OOV para jovens. No início da década de 1990, existia um *Manual de OOV para Jovens*, elaborado após diversas consultas e a realização de uma assembléia com jovens de Salamanca (Espanha), com a presença de Inácio Larrañaga. Com base nessas consultas e em suas decisões, ele elaborou o *Manual de OOV-Jovens*, mais resumido (12 sessões) e condensado que o dos adultos. De acordo com a *Circular nº 4*:

> Sua viga mestra, única e sólida, atravessando de ponta a ponta o edifício da OOV-Jovens (era) o anúncio agradável e pascal da pessoa de Cristo Jesus. Todos os temas estão desenvolvidos girando em torno de Jesus Cristo como o centro de gravidade.

Vale citar que as OOV-Jovens possuíam uma estrutura simples: Equipe Internacional, Equipe Nacional e Equipe Local. Também apresentavam um cantoral próprio, dividido em seis cassetes com gravações temáticas para cada sessão. Essas oficinas tiveram um importante desenvolvimento em alguns países (na Espanha, no Brasil, em Costa Rica). Posteriormente, em meados da década de 1990, percebeu-se que as OOV-Jovens não haviam alcançado os frutos previstos.

Após novas consultas aos coordenadores, bem como o estudo das reformas propostas em uma Assembléia com coordenadores juvenis, realizada no Panamá, introduziram-se algumas reformas no projeto das OOV-Jovens. Estas estão sendo desenvolvidas satisfatoriamente em alguns países, especialmente quando são promovidos e acompanhados por pessoas adultas com uma capacidade e um carisma de acompanhamento de jovens, como ocorre em alguns países.

Estrutura de uma oficina

Aqui, vale ressaltar que as OOV foram aprovadas em outubro de 1997 pela Santa Sé. O Decreto de Aprovação fundamentava-se basicamente no fato de "ter recebido numerosos testemunhos de bispos diocesanos e párocos de diversos países que mostravam os bons frutos de conversão, santidade e apostolado suscitados pelas Oficinas".

Por parte do Pontifício Conselho dos Leigos, não houve nenhuma restrição nem observação a respeito da organização ou da estrutura das OOV. Ao contrário, quando, na condição de fundador das OOV, Larrañaga manifestou a monsenhor Stafford, presidente do Conselho, sua preocupação por deixar a obra sem apoio clerical, ele lhe respondeu: "Não se preocupe! É por aí que vai a Igreja de amanhã".

De qualquer modo, desde as origens (ainda que as Oficinas fossem iniciadas com a autorização dos bispos), Larrañaga sempre resistira em aceitar a ajuda de um assessor eclesiástico designado pelos bispos, não sem alguma perplexidade inicial. Mas, no geral, nunca houve grandes problemas.

As OOV nasceram com um caráter leigo. De acordo com o *Manual do guia* (14), isso ocorria: "porque apostamos nos leigos e lhes entregamos integralmente a responsabilidade de conduzir, governar e difundir as Oficinas em todo o mundo".

No que diz respeito à estrutura da organização ou serviço das OOV na Igreja, poderíamos dizer que, com o tempo, o "sonho dourado" — "estrutura mínima, eficácia máxima", tão reiterado, especialmente no começo, talvez por falta de realismo (como em todos os sonhos!) — foi se diluindo. Isso teve como base a impressionante expansão das OOV por 40 países de quatro continentes, com aproximadamente 14 mil guias em exercício, e uma estrutura de base simples.

No entanto, divergências entre os integrantes do grupo emperraram o andamento dos trabalhos. Várias vezes, Larrañaga endureceu a voz em Congressos e Assembléias ou em suas Cartas Circulares diante dos que não conseguiam entender as OOV como um "serviço humilde" e evangélico ao povo de Deus, como foram chamados a ser, ou dos que de diversas maneiras acabavam se tornando seus proprietários.

Mas os sonhos não são apenas sonhos: é necessário que estejam sempre presentes como inspiração ou sopro do Espírito. De acordo com as palavras de monsenhor Stafford, não há dúvida de que estiveram e continuam a estar nessa milagrosa multiplicação de uma instituição permanece produzindo tantos "bons frutos de conversão, santidade e apostolado".

De fato, a estrutura das OOV não é tão complicada. Consiste em uma Coordenação Internacional com duas equipes de secretaria e tesouraria.

Nos vinte anos de funcionamento das OOV, essa Coordenação Internacional foi presidida por: Laura de Ayora (1987-1989), do Equador; Maria Inês Rojas (1990-1999), do Chile, e Margarida Cano (2000-2005), do México.

A Coordenação Internacional é a instância suprema de governo das OOV, à qual estão vinculadas dez coordenações zonais: Estados Unidos, Canadá e Porto Rico/México e Caribe/América Central/Bolivariana/Brasil Leste/Brasil Oeste/Cone Sul/Europa/Luso-Africana/Língua Inglesa.

Em cada zona, estão as coordenações nacionais, que podem ser diversas até em um mesmo país, e as coordenações locais, em cada coordenação nacional.

Breve resenha de uma oficina

Oficinas de Oração e Vida. Uma nova evangelização são um serviço dentro da Igreja que "proporciona aos fiéis um método prático para aprender a orar de maneira ordenada e progressiva, desde os primeiros passos até as profundidades da contemplação" (*Manual do guia,* 9). Trata-se, portanto, de uma oficina em que se aprende praticando.

Embora seja um dom divino, uma graça e uma atividade humana, a oração também é uma arte e uma experiência de vida,

Oficinas de Oração e Vida (OOV)

que, nesse caso, exige um processo lento e evolutivo ao longo de quatro meses, em sessões semanais com duas horas de duração. Mas a oficina continua ao longo da semana, com a prática das modalidades de oração previstas, a meditação e a Palavra de Deus e a iluminação concedida pelas gravações de Inácio Larrañaga apresentadas em cada sessão.

De fato, trata-se de uma nova evangelização. No começo, e mesmo muito tempo depois, nos ambientes externos, as OOV eram consideradas uma nova tentativa de criar pequenos grupos de oração. É certo que são um método para ensinar a orar, e esse é seu objetivo de base, mas com uma metodologia original que, em vista da notável eficácia transformadora, poderíamos chamar de inspirada. "A oficina toma o oficinista e, à luz da Palavra, o introduz em um complexo composto de reflexão, oração, mensagem evangélica e análise da própria vida."[5] A partir de um lento processo evolutivo (quatro meses) de grande eficácia, leva numerosos participantes da Oficina a uma mudança de vida e a uma verdadeira conversão.

Nesse processo, é preciso destacar o lugar decisivo da Palavra de Deus, cuja escuta e meditação constituem o cerne ou o eixo de cada sessão, além de ser alimento da oração e meditação, em suas diversas modalidades, ao longo da semana, e motivação para despertar nos "oficinistas" o espírito apostólico. Por isso, o *Manual do guia* se refere às OOV como um instrumento de evangelização, porque

> Um variado leque de mensagens evangélicas atravessa todas e cada uma das sessões: a revelação do amor do Pai, a fé adulta, o amor fraterno, a preferência pelos pobres, o compromisso apostólico, a apresentação da figura de Jesus [...].[6]

---

[5] Larrañaga, loc. cit, p. 10.
[6] Ibidem, p. 12.

Também foi citado que as OOV são um serviço leigo, realizado exclusivamente por leigos e dirigido basicamente ao povo leigo de Deus; um serviço eclesial em todo caso, que conta sempre com a aprovação de bispos e párocos de cada lugar.

Em resumo, as oficinas constituem um humilde serviço que não pretende criar comunidades de oração nem associações ou confrarias de caráter permanente. Uma vez terminado o serviço, os guias das oficinas se retiram, ficando disponíveis para dirigir uma nova oficina se for solicitado pela equipe coordenadora. Não poucos guias dirigem duas oficinas por ano e até mais (é preciso lembrar que, em todo o mundo, são realizadas milhares de oficinas simultaneamente).

No entanto, se quisermos conseguir os resultados admiráveis de transformação vital e libertação interior que produz,[7] o que exige a assistência completa do princípio ao fim, pontualidade e prática semanal, é preciso levar a sério os trabalhos realizados na oficina. Em todos os níveis, esta se caracteriza pela ordem, exigência e disciplina.

Aliás, desde o início, os guias mundiais das OOV são autênticos porta-vozes e portadores dos ensinamentos do mestre e de seus formadores, não só no que diz respeito à linguagem peculiar utilizada, mas principalmente aos conteúdos da mensagem, seus acentos e acentuações.

Isso acontece porque a maior parte deles participou mais de uma vez, e, em alguns casos, muitas vezes ao longo dos anos, dos Encontros de Experiência de Deus ou integrou várias oficinas, além de cumprir diversas exigências da Escola de Formação.

---

[7] Idem, ibidem, p. 25.

Em um manuscrito, Larrañaga afirma que "provavelmente, as OOV são um reflexo longínquo de sua espiritualidade e personalidade". Obviamente, essa realidade não está longínqua, mas sim muito próxima de seu modo de ser e viver o mistério de Deus, e da feliz culminação de sua vontade de transcender e se perpetuar nos outros com o mais substantivo de sua mensagem, fruto da experiência peculiar de Deus e de um espírito aberto e aguçado para partilhar com os demais os dons recebidos, dezenas de milhares que estavam e estão à espera de que o Espírito abra novos caminhos de libertação para um povo de Deus preso à rotina e ao imobilismo.

O *Manual do guia* compreende cinco capítulos:

1. O que é uma Oficina de Oração e Vida?

2. Elementos constitutivos.

3. Guias.

4. Reunião de abertura e 15 sessões da Oficina.

5. Aqui, destaca-se o item "Subsídios", que inclui: Silenciamentos, Folha para o holocausto, Critérios e orientações para a missa de envio.

O objetivo da reunião de abertura é fazer que os oficinistas se conscientizem do que é uma Oficina de Oração e Vida. Uma nova evangelização: sua natureza, funcionamento, conteúdo, exigências e resultados; aliás, que só praticando em sua totalidade os oficinistas poderão tomar consciência de sua originalidade e riqueza. De fato, isso ocorre por causa da novidade e peculiaridade de sua pedagogia, que podia ser chamada de inspirada, diante dos resultados.

A estrutura das 15 sessões da Oficina é homogênea, as quais divergem quanto ao estilo e aos conteúdos. A cada encontro, os temas abordados são:

1. Deus da ternura.

2. Se conhecessem o Pai.

3. Peregrinos da fé.

4. Mulher de fé e pobre de Deus.

5. Pelo abandono à paz.

6. Perdão-amor, reconciliação integral.

7. Recapitulação.

8. Encontro.

9. Em silêncio na presença (Oração de contemplação).

10. Princípio, centro, meta (Cristo-centrando).

11. Livres para amar (Oração e vida).

12. Amar como Jesus amou (Vida de fraternidade).

13. Pobres e humildes.

14. Deixando as redes.

15. Deserto.

Não se trata somente de temas de estudo ou reflexão para os oficinistas, mas sim de uma iluminação de Larrañaga para cada uma das sessões da Oficina.

A estrutura de uma sessão, com duração de duas horas, é muito simples, compreendendo seis partes, as quais estão relacionadas a seguir:

1. Entrada.

2. Palavra.

3. Mensagem.

4. Modalidade.

5. Prática semanal.

6. Despedida.

Em uma oficina, todas as etapas são realizadas com muita seriedade, desde a saudação inicial até a despedida. O clima ritualístico se desenvolve devagar, até se conseguir verdadeiramente uma atmosfera de recolhimento e concentração peculiares.

Entrada — Saudação seguida por um breve silêncio. Canto inicial. Resumo da prática semanal com a participação de vários oficinistas. Exposição da Palavra de Deus a ser realizada durante a semana, modalidades de oração; vivência. Prática de oração oral, auditiva, partilhada, entre outras, com novo silenciamento. Estabelecimento dos objetivos da próxima sessão.

Palavra — Leitura de um texto bíblico, com a ajuda da pequena pedagogia, de que dispõem os oficinistas. Em um período de quatro meses, eles vão aprender a escutar, saborear e aprofundar a Palavra de Deus. Meditação comunitária para partilhar a Palavra e enriquecer-se mutuamente. Canto.

Mensagem — Escuta da mensagem gravada, entremeada por cantos. Meditação comunitária, partilhando a mensagem, com idéias anotadas no caderno espiritual.

Modalidade — Leitura orante, com base nas expressões da oração escolhida: salmos, oração de abandono, visual. Aqui, o momento da prática das diversas modalidades é considerado o ápice de cada sessão.

Prática semanal — É decisiva para o sucesso da Oficina. Aqui, existem dois elementos fundamentais: a meia hora sagrada e a vivência, com duas tarefas principais: a Palavra e a Modalidade, ou seja, a escolha de um texto bíblico para cada dia da semana e a forma indicada para cada sessão.

Vivência — Consiste em viver a semana no espírito da mensagem da sessão anterior, exercitando-se em diversas atitudes que forem sugeridas ou indicadas para cada semana.

A sétima sessão, denominada **Recapitulação**, possui um caráter especial. Seu objetivo é justamente recapitular o que foi vivenciado nas sessões anteriores, detalhar algumas posições corporais para orar, a oração comunitária, o significado da oferenda ou contribuição voluntária para os gastos da Oficina, um intercâmbio em relação com o que foi vivido até o momento e, para culminar, uma convivência em ambiente festivo.

A 15ª e última sessão é o **Deserto**. Inicialmente, o guia convida os oficinistas a viver um dia memorável. Em seguida, após os avisos e a entrega de pautas orientadoras, todos são convidados a praticar a modalidade chamada "Orar com a natureza" (cf. *Encontro*) e a exercitar o silêncio mental para se dispersar e permanecer na solidão e no silêncio por, pelo menos, quatro horas.

* * *

Neste capítulo, foi feito um resumo das OOV, que consistem em um serviço eclesial não dirigido a divulgar uma doutrina, mas uma metodologia com algumas práticas e orientações comprovadamente eficazes para se aprender a orar desde os primeiros passos até a profundidade da oração. Ao longo de quatro meses, no descobrimento da própria consciência na escuta da Palavra de Deus, dia após dia, com 15 sessões de duas horas semanais, e no espírito de Jesus Cristo.

A exigência e o rigor dessas sessões confrontam os oficinistas com um compromisso vital e permitem que assumam uma nova consciência de ser cristãos e membros de uma Igreja. Desse modo, ao longo das décadas, as OOV assumiram sua principal característica, que é ser um instrumento de evangelização especialmente adequado para despertar as consciências adormecidas ou dar maior densidade e relevo a uma vida cristã que, muitas vezes, não passa de um simples "dar conta de".

Desse modo, a cada ano, as OOV se tornaram verdadeiros viveiros de vocações apostólicas para as comunidades paroquiais de 40 países dos diversos continentes, como a própria Igreja reconheceu publicamente.

Não deve ser exagerado afirmar que o "humilde serviço" das OOV (marcadamente leigo), é um dos mais originais e eficazes na Igreja nos últimos decênios. Seu objetivo principal é despertar em seus participantes o desejo de Deus e o chamado a se tornarem verdadeiros seguidores de Jesus Cristo.

Atualmente, é fato que milhares de guias das OOV continuam empenhados no cumprimento de sua missão como enviados e testemunhas de Jesus Cristo para anunciar aos outros o que eles mesmos viram e ouviram, cumprindo o próprio mandamento de Jesus: "Ide pelo mundo inteiro e anunciai a Boa-Nova a toda criatura" (Mc 16,15).

BIBLIOGRAFIA

CASTILLO, José M. *La alternativa cristiana*. Salamanca, Sígueme, 2000.

HOPKINS, G. M. *María comparada al aire que respiramos*.

LARRAÑAGA, Inácio. *A rosa e o fogo*. 4. ed. São Paulo, Paulinas, 2002.

_____. *As forças da decadência*. São Paulo, Paulinas, 2005.

_____. *Encontro*: manual de oração. São Paulo, Loyola, 1996.

_____. *Mostra-me o teu rosto*: para uma intimidade com Deus. 24. ed. São Paulo, Paulinas, 2005.

_____. *O casamento feliz*. 3. ed. São Paulo, Loyola, 2000.

_____. *O casamento feliz*. 3. ed. São Paulo, Paulus, 2002.

_____. *O irmão de Assis*. 16. ed. São Paulo, Paulinas, 2005.

_____. *O Pobre de Nazaré*. 9. ed. São Paulo, Loyola, 2005.

_____. *O silêncio de Maria*. 33. ed. São Paulo, Paulinas, 2004.

_____. *Sofrimento e paz*: para uma libertação pessoal. 18. ed. Petrópolis, Vozes, 2000.

_____. *Suba comigo*: para os que vivem em comunidade. 17. ed. São Paulo, Paulinas, 2006.

LECLERC, Eloi. *Sabiduría de un pobre*. 12. ed. Madrid, Marova, 1992.

PÉGUY, Charles. *Palavras cristianas*. 2. ed. Salamanca, Sígueme, 1964.

RAHNER, Karl. *Curso fundamental da fé*. São Paulo, Paulinas, 1987.

SUMÁRIO

Apresentação 5

Capítulo 1. História de um desafio 9

    A caminho 14

    Tempo de espera 25

    No além-mar 28

    O caminho franciscano 29

    Tempo de crise 34

    "Nada me dá pena" 40

    No caminho do irmão 41

    Consolidação das OOV 46

Capítulo 2. Encontros de Experiência de Deus (EED) ... 51

    Dinâmica dos EED 54

    Continuidade do espírito dos EED 59

    Experiência de Deus 62

    "Vida com Deus" 71

    Oração e vida 75

Capítulo 3. Escrever é comprometer-se 81

    Uma literatura religiosa comprometida 82

    Escrever, uma necessidade interior 84

Capítulo 4. Mostra-me o teu rosto 85

    O ponto de partida da fé 87

    A revelação do Pai 94

Capítulo 5. O silêncio de Maria 97

    A outra Maria 98

    Peregrina na fé 101

    A Mãe 105

    Os filhos da esperança 108

Capítulo 6. Suba comigo 113

Capítulo 7. O irmão de Assis 121

    Um livro-testemunho 123

    O caminho da gratuidade 126

    Presença da mulher e da mãe 129

    "Deus é, e basta" 131

Capítulo 8. Sofrimento e paz 139

Capítulo 9. O Pobre de Nazaré 145

Capítulo 10. As forças da decadência 165

    A rosa e o fogo 182

Capítulo 11. Manual de curso matrimonial 185

Capítulo 12. Oficinas de Oração e Vida (OOV)..................... 189

Oficina de Oração e Vida (definição)........................... 193

Semanas de Consolidação................................. 197

Escola de Formação..................................... 199

Outras instâncias de formação........................... 201

Casais evangelizadores.................................. 205

OOV para jovens....................................... 207

Estrutura de uma oficina................................ 208

Breve resenha de uma oficina........................... 210

Bibliografia..................................... 219

Impresso na gráfica da
Pia Sociedade Filhas de São Paulo
Via Raposo Tavares, km 19,145
05577-300 - São Paulo, SP - Brasil - 2007